宁夏地名故事

丛书主编　杜正彬

吴忠市地名故事

杨桂琴　主编

中国社会出版社

国家一级出版社·全国百佳图书出版单位

图书在版编目（CIP）数据

吴忠市地名故事／杨桂琴主编．—北京：中国社会出版社，2017.6

（宁夏地名故事／杜正彬主编）

ISBN 978－7－5087－5687－5

Ⅰ.①吴…　Ⅱ.①杨…　Ⅲ.①地名—介绍—吴忠　Ⅳ.①K924.33

中国版本图书馆 CIP 数据核字（2017）第 128469 号

丛 书 名：宁夏地名故事
丛书主编：杜正彬
书　　名：吴忠市地名故事
主　　编：杨桂琴

出 版 人：浦善新
终 审 人：胡晓明
责任编辑：魏光洁　刘云燕　　**责任校对：**丁　一

出版发行：中国社会出版社　**邮政编码：**100032
通联方式：北京市西城区二龙路甲 33 号
电　　话：编辑室：（010）58124851
邮购部：（010）58124848
销售部：（010）58124845
（010）58124846
传　真：（010）58124856
网　　址：www.shcbs.com.cn
shcbs.mca.gov.cn
经　　销：各地新华书店

中国社会出版社天猫旗舰店

印刷装订：保定彩虹印刷有限公司
开　　本：170mm×240mm　1/16
印　　张：14
字　　数：220 千字
版　　次：2017 年 9 月第 1 版
印　　次：2017 年 9 月第 1 次印刷
定　　价：38.00 元

中国社会出版社微信公众号

丛书编委会

编委会办公室

丛书编辑部

总　序

地名，作为赋予地理实体称呼的专有名称和识别不同区域的文字符号，既是人们进行社会交往的工具，又是沉淀各个历史时期人类发展进步的文化宝藏。地名伴随着人类社会的诞生而产生，又伴随着人类社会的足迹而前行。

宁夏历史文化悠久，众多的名胜古迹、多样的地方方言、丰富的移民文化、和谐的民族氛围，留下了丰富多彩的古地名和历史地名。这些地名真实地记录了各民族独特的生活内容，反映了宁夏的地理环境、生存状态、活动轨迹和风土人情，流传下来许多历史故事和美好传说。不仅是自然和人文地理的化石和档案，亦是宁夏历史文化脉络的重要载体。

近年来，宁夏回族自治区党委、政府高度重视地名文化遗产保护工作，充分发挥地名文化引领前进方向、凝聚奋斗力量、增强发展活力的重要作用，不断强化"地名讲文化"的理念，将文化的精神和力量渗透到地名管理与服务的各个环节中，为弘扬宁夏优秀的历史文化，激发全区人民爱祖国、爱宁夏、爱家乡的情怀，值《宁夏回族自治区地名条例》颁布实施三周年之际，我们推出了这套五卷本的宁夏地名故事。

该套丛书沿着地名的脉络，上启夏商周，下至现当代，寻找形成千年、对后世影响深远的古迹遗址；走进了人们从事生产生活、世代居住或因军事、政治、经贸活动而形成的村落和集镇；见证了人群聚居形成的城市及其不可分割的古街古巷；探访了让人流连忘返的山山水水，以及令人难以忘怀的人物事件。宁夏大地上孕育而出的这些故事，林林总总，难以尽述。

作为宁夏第一部以地名故事为主题的文化丛书，凝聚着全区地名工作者、爱好者和专家学者的辛勤汗水。我相信，该书的出版，一定会为宁夏地理标志品牌打造、旅游经济发展、文化“软实力”提升作出积极贡献！

宁夏回族自治区党委常委、副主席 

2016 年 11 月

序　一

地名是一个地方承载历史印记的社会化石，已被联合国教科文组织确立为世界非物质文化遗产。由于历史渊源、自然条件、经济基础、社会结构、民族和语言等影响，不同地域、历史时期的地名资源蕴含着大量的文化基因、地理信息。我国幅员辽阔，历史悠久，地名数量众多，地名文化资源丰富。

吴忠是宁夏开发最早的地区之一，曾是“丝绸古道”上的商埠重镇，素有“天下粮仓、水旱码头”的美誉，是“塞上江南·神奇宁夏”的精华之地。吴忠拥有两千多年的建城史，吴忠地名不仅具有地理指向作用，而且饱含厚重的历史文化内涵。秦始皇三十三年（公元前214年）在此设立北地郡富平县，成为秦朝北部边疆所设的三十余个县之一，后富平县迁至陕西怀德，之后改名富平至今。

社会发展日新月异，作为地域文化的有效载体，地名这一文化符号有其相对变化多样的一面，往往在历史传承和人文影响的共同作用下，更迭创新，不断发展变化。一个个重大的历史事件和当下的发展为吴忠地名赋予了厚实的历史底蕴。罗山、牛首山巍然屹立，秦渠、汉渠、唐徕渠千年不息，唐肃宗灵州登基，明朝筑吴忠堡，清朝设宁灵厅治所留下金积名号，这些地名，以一个见证者的身份再现了吴忠跌宕起伏的历史轨迹。

除了地名本身字面蕴含的文化内涵以外，很多吴忠地名也折射出继承发扬、创新突破、兼容并蓄的特质。利通长街曾是吴忠党政机关驻地，其繁华似锦、商贾如云的盛景延续至今。青铜峡十里长峡风光旖旎，宜居宜业的环境正得其名。盐池池盐营销八方，红色精神激励着一代又一代老区人民。几十万移民群众开荒拓土，红寺堡区创造了移民开发新经验。说起这些地名，想到的更是一股精神、一种气质和一腔愿景，时刻激励着我们一往无前、拼搏奋斗。

近年来，吴忠从政府到群众对地名文化越来越重视，法定的和散落民间的地名资源十分丰富，博大精深，是民族文化和城市价值的充分再现，成为不可替代的精神资源。昔年，民政部门对地名进行了全面普查，在摸清底数的基础上，逐步建立健全地名文化保护机制，地方史料的抢救和地名文化的继承发展取得了明显成效。

编纂地名故事一书，就是对非物质文化遗产的保护，《吴忠市地名故事》让那些散见的文化汇聚起来展现出卓越的光亮，唤起人们的无限思考，是一本有意义的书。本书运用历史翔实，引据史料考究，客观记述了吴忠的众多古地名和历史地名。书中的文献、诗词、歌咏等地名文化成果，深刻阐述了吴忠数千年的历史沿革和时代变迁。记载的地名无一不有相应的地理痕迹，从不同的角度描述了先民们的生存环境和奋斗历程，以及对自然界和人文景物的认识。这些地名，记录了各族群众在改造环境、开发资源、建设吴忠的生产实践中凝聚的智慧和力量。

本卷本文字流畅，内容丰富，逻辑清晰，融入了撰写者的大量心血。它是一部研究区域地理、历史、政治、经济、文化的经典之作，也是供读者了解乡村民俗、风土人情的生动教材，更在服务经济社会发展、提升地名公共管理服务水平方面具有重要借鉴意义。

《吴忠市地名故事》的成稿，让我们再次看到了吴忠的厚重和博大。翻阅书稿，我们仿佛在聆听一位智慧老者絮絮而谈。该书在突出史料性、纪实性的同时，强调了文学和思想的贯穿，品鉴过程中既是对文化遗产的研习，也是对吴忠历史文化的品味。我坚信，吴忠人读到此书，一定能够唤醒很多记忆与思索，进而增强无限的自信心和归属感。

历史的发展，时代的进步，地名等非物质文化遗产的保护注定是一项宏大而系统的工程。曾经的吴忠，人杰地灵；而今的吴忠，美丽富饶。当我们以入微之笔记录壮阔吴忠之时，必须牢固树立“绿色发展”的理念，加快全面建成小康社会步伐，集民智民慧，共同推动这个爱国包容和谐奋进的滨河水韵城市持久崛起，缔造底蕴深厚、宜居宜业、产业兴盛的塞上名城。

中共吴忠市委常委、副市长　廖允成
2017 年 5 月

序　二

地名是人们赋予某一特定空间位置上自然或人文地理实体的专有名称。地名命名的意义通常认为是地名的字面所表达的含义，它是人们为地方命名时的着眼点，或者叫命名的因由或根据。地名具有社会性、时代性、民族性、地域性及代表性等特性，地名是社会的产物，它的命名、演变始终都受到社会发展水平的制约。地名由少数人称说到为广大社会成员所公认，要经过一定的传播和筛选过程。

地名也是人们从事社会交往和经济活动广泛使用的媒介。每个人在每天的生活中都离不开地名。地名文化是中华先进文化的组成部分，地名文化是以地名语词形式承载指代地方的地域文化，内涵非常丰富。它涉及语言文化、历史文化、地理文化和乡土文化等，是一个综合性的多元文化体系。地名文化是伴随着中华文明的进程而发展起来的，是优秀传统文化的组成部分。

璀璨的地名文化是中华优秀传统文化不可或缺的一部分，是中华五千年文明史一个很好的展示窗口，是重要的民族文化遗产，在"五位一体"总体布局的文化建设中具有重要地位和作用，值得高度珍视。我们应该清醒地认识到，社会发展变化是浩浩荡荡的历史潮流。潮流之中，一些历史印记被席卷而去在所难免。但是我们不能无所作为、听之任之，不能让这种潮流把大量有价值的、承载着优秀文化基因的历史地名卷走，我们一定要有强烈的地名文化保护意识，只有这样，才能在现代化过程中保护更多的历史文化。

吴忠市始终把地名工作紧紧抓在手上，近年来全面完成了市区 70 条街路巷命名、更名及销名工作。依法对老城区 37 条街路巷、滨河新区 18 条街路、金积工业园区15条街路进行了命（更）名。牵头制定了市区街路巷标牌设置实施意见，标绘制作了吴忠市区街路巷命名示意图。对老城区20条街路更新标牌360块，对市区新命名、更名的街路设置标牌300多块，全面完成了利通区乡（镇）、村地名标志设置工作，为12个乡镇、100个村设立了符合国家标准的地名标牌112块。对所有乡（镇）、村地名标志逐一进行拍照、定位，制作建立了一整套完善的地名标志档案。依照地名命名、更名审批程序，办理新建住宅小区命名及日常地名变更事项，受理企（事）业单位及公司地名变更事项，做好地名社会化服务工作，提高社会地名意识。结合我市实际，起草制定了《吴忠市第二次全国地名普查工作实施方案》，认真学习了地名普查工作的相关内容及普查技术规范，保证了第二次地名普查工作的顺利开展。全面巩固行政区域界线勘界成果，协调、配合国土及县区相关部门调处因界线引发的土地、资源权属纠纷，有效地维护了边界地区的和谐稳定。

我们要努力做好传承、保护和弘扬优秀传统地名文化工作，在此基础上充分发挥地名文化弘扬中华民族文化、建设社会主义先进文化的积极作用，逐步增强地名文化对社会主义核心价值观的承载能力。尤其要注重在城镇化过程中把有文化积淀的老地名保护好、传承好、使用好。进一步加大地名文化遗产保护力度，建立地名文化遗产重点保护名录制度，建立地名文化遗产数据库，健全地名文化评价标准体系，使地名文化遗产得到分类、分级和分层保护。

地名这项过去人们不甚了解的工作，现在逐渐为民众所熟知，但地名文化的深入传承和保护还没有得到全社会的高度认可和拥护，我们非常希望社会各界都能关注地名工作，把历史文化的种子种在你我的心田，有了你我的共同努力，相信记录在吴忠这座历史文化名城的史册中会让每一个地名都将闪闪发光，照亮我们更加美好的未来之路。

吴忠市民政局党组书记、局长　杨桂琴

2017年5月

地名故事

目录 contents

地名概览

街(路)巷汇集

诗中吴忠

前　言

宁夏地区有行政设置始于西周至秦。斗转星移，时空跨越两千多年，至1929年宁夏正式建省，全省面积约2.75万平方千米。1954年11月3日，宁夏省撤销合并入甘肃省。后又于1958年10月25日，正式成立宁夏回族自治区。

宁夏回族自治区成立至今，区域面积约6.64万平方千米，现辖银川市、石嘴山市、吴忠市、固原市、中卫市5个地级市，以及22个县、区（市），首府设在银川市。

宁夏地名工作，真正始于20世纪80年代，迄今走过了近35年的历程。广大地名工作者在长期的工作实践中，特别是在近期开展的第二次全国地名普查以及标准地名图集、志、典、录的编辑过程中，为宁夏地名故事的创造、编撰积累了丰富的宝贵资料。

今天，五卷本宁夏地名故事的正式出版，是宁夏地名文化史上的一件大事，它寄托了全区地名工作者和地名爱好者、专家学者的衷心希望。为此，宁夏回族自治区民政厅专门成立了地名故事编撰委员会，确定了编撰出版方案。五卷本宁夏地名故事的初稿，由全区地名工作者和地名爱好者、专家学者提供，经过筛选，将与地名有关的、具有真善美思想内涵的调研分析、故事、传说辑录成册，在此基础上，通过专家学者对其进行实地踏勘、修订形成。书中所选的，有的是以地名为载体记录下来的历史史实，有的是与地名相关联的民间故事和传说。宁夏各地地名所具有的厚重的历史文化底蕴，不仅传承了中华民族的精神与情感、思想与道德、智慧与价值，也验证了地名是人类活动的活化石，是随着社会文明的进步而发展的。人类通过地名演绎着历史，地名也是人类前进的烙印。期望这套书能帮助读者体会故事中所包含的智慧，更好地理解我们祖先创造的优秀传统文化真谛。

出版五卷本宁夏地名故事，是宁夏地名工作实践的一次创新性尝试。由于水平有限，难免有不足之处，望广大读者批评指正。

宁夏回族自治区民政厅厅长
2016 年 11 月

吴 忠 赋

张树彬

美哉吴忠，山川锦绣。牛首巍巍，蠡山四时叠翠；大河泱泱，秦汉两渠生辉。凭山傍水，钟灵毓秀，在河之洲 ，水韵之乡。鱼米飘香，良田万顷兮不让江南；山川共济，乔木千章兮秀美一方。天下黄河富宁夏，宁夏首富数吴忠。塞北江南名副实，引得英雄竞折腰。

伟哉吴忠，历史悠久。秦皇三十三年，蒙恬尽收河南，因河筑城为塞，即有富平故县。四裔归华夏，普天庆一统。惠帝四年，更置灵州，载入史册，千载悠悠。赫连勃勃真雄武，修得灵州果园城。北魏又作薄骨律，镇将刁雍有奇功。更得北周击败南陈，俘众三万灵州屯垦。尚礼之风化戎俗，塞北江南遂有名。唯是灵州三迁后，旧地建堡号吴忠。交通水陆相济，商埠名重西北。耕则厥田为上，沃野千里，谷稼殷积；牧则水肥草美，群羊塞道，牛马衔尾。历历青史，有序传承。在在伟业，千秋彪炳。

壮哉吴忠，人杰地灵。千古英雄，彬然纷呈。太宗灵州勒石，史传佳话；李亨受命登基，中兴唐室；德明迁都到兴州，西平府城作陪都。古代豪杰历历可数，现代英雄不胜枚举。唯共产党人，民族中坚，领导工农，改地换天，挽狂澜于既倒，救民族于危难。红旗漫漫一九四九，革命洪流摧枯拉朽，宁夏解放最后枪声，迎来吴忠天翻地覆。人民当家做主，建设美好家园，回汉携手并肩，描绘锦绣河山，弹指人间六十年，吴忠旧貌换新颜。九曲黄河谱写新篇，万里长城装点河山。改革开放，带来新希望，西部开发，春雨润吴忠。三十年改革开放，三十年见证辉煌。鼎新革故之伟业，灿然若炬。

而今我咏吴忠，盛世喜空前。经济腾飞日新月异，百姓乐业歌舞升平。城市高楼林立，乡间小康道路宽。设施农业，科学种田步步新招；现代工业，结构调整强势发展。来日方长显身手，打造水韵城市，构筑黄河金岸。似江南，胜江南！

2010 年于吴忠

市情概览

建制沿革

吴忠历史源远流长，公元前2.5万年左右，先民就在这里劳动、生息。秦时于今盐池县境内首设昫衍县，约辖原银南地区全境。秦始皇三十三年（前214），境内设富平县，是宁夏平原最早设置的县。此后分别置灵州、回乐等县郡。清朝置宁朔县，县署治小坝堡；置平远县，县署下马关。民国二年（1913），成立盐池县，隶朔方道。1936年3月，成立盐池县苏维埃政府和陕甘宁省豫海县回民自治政府。1949年9月，吴忠全境解放，成立吴忠堡市，由宁夏省直辖；11月，缩编为吴忠镇，归灵武县管辖；同年9月，同心县成立。1950年10月，吴忠镇正式改为吴忠市，为宁夏省直辖。1954年4月，宁夏省河东回族自治区成立，辖金积、灵武、吴忠、同心4县市（1955年4月代管盐池县，12月正式管辖），并与吴忠市人民政府合署办公。9月，宁夏省建制撤销，河东回族自治区隶属甘肃省。1955年2月1日，河东回族自治区人民政府与吴忠市人民政府分署办公；4月28日，河东回族自治区更名为吴忠回族自治州。1958年10月25日，宁夏回族自治区成立，自治州撤销，吴忠市直属宁夏回族自治区。1953年4月至1958年10月，设立吴忠回族自治州，辖吴忠、金积、灵武、同心、盐池。1960年，撤销金积县，撤宁朔县改名为青铜峡市。1963年，撤销吴忠市、青铜峡市设立吴忠县和青铜峡县。1972年2月23日，国务院批准设立银南地区革命委员会。1973年4月，设立银南行政公署，属自治区派出机构。1984年，撤销吴忠县、青铜峡县，恢复吴忠市、青铜峡市。1998年5月，撤销银南地区和县级吴忠市，设立地级吴忠市，县级吴忠市改称利通区。地级市辖利通区、青铜峡市、灵武市、中卫县、中宁县、盐池县、同心县；同年9月5日，成立县级红寺堡开发区。2002年10月，灵武市划归银川市代管。2003年12月，中卫县、中宁县划归新设立的地级中卫市。2009 年 10 月，红寺堡开发区设区；同月，利通区分署办公。

行政区划

吴忠市位于宁夏中部，辖利通区、红寺堡区、青铜峡市、盐池县、同心县 5 个县（市、区），44 个乡镇，2 个街道办事处，68 个社区居委会和 506 个村委会。其中利通区为 4 乡 8 镇 21 个社区居委会 100 个村委会，红寺堡区为 3 乡 2 镇 1 个街道办事处 5 个社区居委会 65 个村委会，青铜峡市为 8 镇 1 个街道办事处 21 个社区居委会 85 个村委会，盐池县为 4 乡 4 镇 17 个社区居委会 102 个村委会，同心县为 4 乡 7 镇 4 个社区居委会 154 个村委会。辖区面积 2.07 万平方千米，占自治区总面积的 31.17%。

市人民政府驻利通区，邮政编码：751100；代码：640300；电话区号：0953；拼音：Wuzhong Shi。

人口民族

至1949年，吴忠市共有78051户401723人。1998年，有447189户1846434人，农业人口1414755人，非农业人口431679人，人口密集度为每平方千米68.7人。回族人口617689人，占总人口的33.45%。男性946660人，女性899774人，性别比为105.80。

2010年，有436123户1383505人，农业人口970982人，非农业人口412523人，人口密集度为每平方千米68.51人。回族人口717919人，占总人口的51.89%，其他少数民族4446人。男性702114人，女性681391人，性别比为103.40。出生24790人，出生率16.13‰；自然增长17437人，增长率11.58‰，计划生育率政策符合率92.24%。利通区有377941人，红寺堡区有166605人，青铜峡市有267398人，盐池县有166422人，同心县有398216人，太阳山开发区有6923人。

2011年末，辖区总人口1398107人，其中城镇常住人口428691人，城镇化率30.66%。另有流动人口21929人。总人口中，男性709430人，占50.74%；女性688677人，占49.26%。18岁以下347597人，占24.86%；19~60岁901766人，占64.50%；60岁以上148744人，占10.64%。总人口中，以回族为主，达730958人，占52.28%；其余汉、满、蒙古、东乡、土家、壮、朝鲜、藏、土、侗、苗、布依、维吾尔、锡伯、彝、羌、裕固、白、傣、保安、黎等26个民族，共有667149人，占47.72%。超过100人的民族有汉、满、蒙古、东乡、土家5个民族，其中汉族662640人，占47.39%；满族3121人，占0.02%；蒙古族606人，占0.04%；东乡族241人，占0.02%；土家族114人，占0.008%。2011年，人口出生率1.70%，人口死亡率0.53‰，人口自然增长率6.14‰。

2013年末，户籍总人口143.7万，比上年增加2.1万人。其中，农业人口 100.1 万，非农业人口 43.6 万；汉族人口 67.03 万；回族人口 76.3 万，占总人口的 53.05%。年末全市常住人口 133.1 万，比上年增加 1.9 万人。其中，城镇人口 55.97 万人，增加 3.5 万人，城镇化率 42.05%，比上年提高 2.08 个百分点。人口出生率为 14.49‰，人口死亡率为 4.89‰，人口自然增长率为 9.6‰。利通区有 138798 户 399906 人，其中汉族 150998 人，回族 246978 人，其他少数民族 1930 人，非农业人口 196749 人；红寺堡区有 49296 户 185690 人，其中汉族 71539 人，回族 113960 人，其他少数民族 191 人，非农业人口 22286 人；青铜峡市有 103731 户 281525 人，其中汉族 219603 人，回族 60192 人，其他少数民族 170 人，非农业人口 85741 人；盐池县有 63335 户 171002 人，其中汉族 166908 人，回族 3604 人，其他少数民族 490 人，非农业人口 33871 人；同心县有 116026 户 391037 人，其中汉族 56017 人，回族 334859 人，其他少数民族 161 人，非农业人口 97430 人；太阳山开发区有 2706 户 8189 人，其中汉族 5217 人，回族 2964 人，其他少数民族 8 人，非农业人口 288 人。

2014 年末，全市常住人口 135.3 万，比上年增加 2.2 万人，其中，城镇人口 59.1 万，比上年末增加 3.2 万人。城镇化率 43.7%，比上年末提高 1.65 个百分点。人口出生率为 14.32‰，人口死亡率为 4.47‰，人口自然增长率为 9.85‰。年末户籍总人口 143.5 万，比上年末减少 2287 人，其中，农业人口 99.7 万，非农业人口 43.8 万；回族人口 76.2 万，占总人口的 53.1%。

2015 年末，全市常住人口 137.32 万，比上年末增加 2.03 万人，其中，城镇人口 63 万，比上年末增加 3.87 万人。城镇化率 45.87%，比上年末提高 2.17 个百分点。人口出生率为 13.83‰，人口死亡率为 4.11‰，人口自然增长率为 9.72‰。据公安年报，年末全市户籍总人口 140.41 万，比上年末减少 31001 人，其中，城镇人口 50.25 万，乡村人口 90.15 万；回族人口 74.82 万，占总人口的 53.3%。

吴忠市是我国主要的回族聚居区之一。同心县、红寺堡区、利通区回族居住较多，青铜峡市、盐池县汉族居住较多。

地理环境

吴忠市位于东经105°17′~107°47′，北纬36°34′~38°15′，东与内蒙古鄂尔多斯市、陕西榆林市、甘肃庆阳地区毗邻，南与固原市接壤，西与中卫市和内蒙古自治区阿拉善盟为邻，北靠宁夏首府银川市，相距仅60千米。距河东机场40千米，距青铜峡火车站15千米。

全市地貌分别为黄土高原、鄂尔多斯缓坡丘陵区、黄河冲积平原。平均海拔平地1200米，山区1300~1900米。市境东部属鄂尔多斯台地，东北接毛乌素沙漠。市境南部为鄂尔多斯高原西部与黄土高原北部衔接地带，东南部为黄土丘陵，群山环绕，沟壑纵横。市境西部贺兰山纵亘，牛首山横卧，形成由南向东北自高而低呈阶梯状分布的地势特点，地貌形态为山地、低山丘陵、缓坡丘陵、洪积扇地带、黄河冲积平原和库区。市境北部为黄河冲积平原，南高北低。

气候特点

吴忠市地处西北内陆，属中温带干旱、半干旱气候，具有明显的大陆性特征，其特点是四季分明，气候干燥，蒸发强烈，降水集中，大气透明度好，云量少，日照充分，热量丰富，温差较大，无霜期短，风沙较多。春季为3~5月，夏季为6~8月，秋季为9~11月，冬季为12~次年2月。多年平均气温9.3℃。1月平均气温-8.1℃，极端最低气温-28.5℃（1975年12月12日）；7月平均气温23.3℃，极端最高气温38℃（1997年

7月22日）。平均气温年较差30.9℃，最大日较差34.9℃（1967年7月22日）。生长期年平均210天，无霜期年平均180.4天，最长达220天，最短为150天。年平均日照时数2974.4小时，年总辐射144.2千卡/平方厘米。0℃以上持续时间258天。多年平均降水量184.6～273.5毫米，年平均降水天数为46.5天，最多达56天（2007年），最少为31天（2005年），极端年最人降雨量322.1毫米（1978年），极端年最少雨量64.8毫米（2005年）。降雨集中在每年7～8月，8月最多。

春季气温回升快，季平均气温10.4℃，月平均升温6.9℃；冷空气活动频繁，寒潮、大风、沙暴多。初夏气温较低，盛夏气温高，降水量大而集中，季平均气温22.6℃，最热月为7月，平均气温22.9℃；季平均降水量106.3毫米，占全年降水量的55.1%，8月降水量最多，为50.4毫米。秋季降温迅速，雨量减少；季平均气温8.9℃，平均月降温7.2℃，季平均降水量46.5毫米，占全年降水量的24.1%。冬季寒冷、干燥、时间长，寒潮大风多，冰封地冻，日较短，晴天少云；季平均气温-5.4℃，1月最冷平均气温-7.2℃；季平均降水量3.5毫米，占全年降水量的1.8%。

吴忠市日照充足。太阳辐射年总量约为148.1千卡/平方厘米（5955.80兆焦耳/平方米），是我国太阳辐射量富区之一。一年中以6月最强，占年总辐射量的12.2%；12月最弱，占年总辐射量的4.7%。月总辐射量大于10千卡/平方厘米的月份是3～10月，日平均在500卡/平方厘米以上的月是4～8月。日平均气温稳定超过0℃期间的总辐射量为120.1千卡/平方厘米，占全年总量的81.1%。作物活跃生长期（日平均气温稳定超过10℃）的总辐射量90千卡/平方厘米，占全年总量的60.8%。

受海拔高度和地形的影响，平原区和丘陵区的气温有一定的差异。平原区多年平均气温8.9℃，1月最冷，月平均气温-7.2℃；7月最热，月平均气温22.9℃；平均气温年较差为30.4℃。

境内降水季节分配的特点是：冬干、春旱、夏多、秋少。一年中，4月平均相对湿度最小，为45%，是全年最干燥的月份；8月平均相对湿度最大，为70%，是全年最湿润的月份。

湿度的四季特征是：春季（3～5月），风沙多，湿度小；夏季（6～8月），降水较多，湿度较大；秋季（9～11月），秋高气爽，风不大；冬季平均相对湿度为49%～55%。吴忠市降水少，蒸发量大。

自然资源

吴忠市能源矿产丰富，规模较大，产地集中。煤炭资源主要分布于该市东部盐池地区、同心县南部等地，储量丰富，煤种齐全，煤质优良，开采技术条件好；盐池地区的油气资源是吴忠市乃至宁夏的唯一产地，且资源潜力较大。少数矿石质量特优。青龙山的冶镁白云岩氧化镁含量达21%，二氧化硅少于1%，是冶炼金属镁的优质原料；青龙山、青山、石梁等地的优质电石灰岩、制碱灰岩分布广泛，且地质构造、水文地质条件简单，矿石裸露地表，开采技术条件好，交通方便。金属矿产贫乏，仅有矿点或矿化点。

吴忠市地质工作始于19世纪末，至新中国成立前，仅有少量的路线地质调查和专题研究。新中国成立后，地质和各工业部门地质勘探单位先后开展了大量的地质调查、普查、勘察工作，取得了较为丰富的地质矿产资料，掌握了能源、冶镁白云岩、非金属矿产资源的分布情况。已发现矿种24个（包括矿泉水），矿产地55处，探明资源储量的矿种有12种，主要为煤炭、石油、芒硝、水泥灰岩、制碱灰岩、电石灰岩、冶镁用白云岩、玻璃用白云岩、熔剂用白云岩、石膏、水泥配料用黏土、铸型用砂等。

非金属矿产资源较为丰富，尤其是电石灰岩、制碱灰岩、建材原料矿产分布广泛，资源储量大，开采技术条件好。已发现的矿种有电石灰岩、制碱灰岩、水泥灰岩、石膏、铸型用砂、水泥配料用黏土、芒硝、湖盐、重晶石、砖瓦黏土、建筑用砂、建筑石料等。

已开发利用的矿产有14种。水泥灰岩采掘业和石油开采业产值占矿业采掘业总产值的38.07%和38.35%，其次是煤炭、建筑用砂、建筑石料、砖瓦黏土、冶镁用白云岩、玻璃用白云岩、制灰灰岩、水泥配料用黏土、石膏、铸型用砂、芒硝、矿泉水等。

石油总资源量约2.5亿吨，已探明储量3700万吨；天然气总资源量约8000亿立方米（含煤层气2000亿立方米），已探明储量2亿立方米；煤炭已探明储量86.6亿吨；白云岩已探明储量23.7亿吨，是少有的高质量冶镁白云岩。"西气东输"工程横穿全市4县（市、区）。

境内已查明矿藏19种，包括非金属矿藏资源12种，金属矿藏5种，能源矿产2种。其中保有煤炭储量77.11亿吨，包括韦州、冯记沟、萌城和红寺堡线驮石自然矿区，井田总面积847.62平方千米，已规划16个煤矿区块，占用煤炭资源储量63.15亿吨。韦州矿区有韦一井田及永安、韦二、韦三、韦四和小泉等煤矿，矿区含煤26层，可采11层。煤质以2煤为代表，灰分19.24%，挥发分28.72%，磷0.082%，全硫0.14%，发热量28.57毫焦耳/千克；精煤以17煤为代表，灰分6.25%，挥发分21.45%，全硫1.73%，发热量36.18毫焦耳/千克。煤种以瘦煤和焦煤为主，少量肥煤、无烟煤和贫煤。冯记沟矿区有金凤等5家在建矿和2家待建矿。萌城矿区有四股泉生产矿和贺陡沟在建矿。红寺堡线驮石矿区有芦草井沟、罗花厍、石炭沟、刘家湾沟和湾岔沟等矿，线驮石煤矿区主要含煤地层为太原组，资源总储量为14337万吨。共有油田7个，主要分布在吴忠市东部的李庄子、大水坑和萌城以东地区，保有资源储量约3501万吨。冶镁白云岩矿资源丰富，分布在青龙山地区，矿产资源储量为11735.76万吨。熔剂用白云岩的资源储量为18亿吨。水泥用灰岩、石膏等储量居全区前列。

地名溯源

明代宁夏的地名

明代，处于西北边防线上的宁夏，始终居于抵御北方蒙古鞑靼势力南下骚扰的第一线，可谓是征程滚滚，烽烟不绝。

而今宁夏地区的很多地名无不留下了那一段金戈铁马的历史。明代，在边防要地实行的是军政合一的卫所制度，当时宁夏设有7个卫，其中宁夏中卫设在元应理州，治所在今中卫市。可是在明代，中卫是军事组织名，不是行政建制名，清雍正三年（1725）才改为中卫县，并一直沿用至今。

明代，在一些军事重地设置守御千户所，常驻戍守士兵1120名。弘治六年（1493），明朝在今宁夏平罗县址筑城，目的是防御鞑靼南下侵扰，故取名“平虏城”，含有靖虏、镇虏之意。虏，是我国古代对北方少数民族的蔑称。嘉靖三十年（1551），明王朝又改平虏城为平虏守御千户所。清朝入主中原后，因满族系东北少数民族，对“虏”字称谓忌讳甚深，故清初以谐音改平虏守御千户所为平罗所，雍正二年（1724）置平罗县，这样，“平虏”就变成“平罗”。

陶乐，秦朝时为北地郡之地，筑城堡曰“浑怀障”，是秦朝在宁夏北方设置的重要军事要塞之一。明代，鞑靼、瓦剌部入居河套，被侮称“套虏”，因地多湖滩，称“套虏湖滩”。清代以其谐音改称“陶乐湖滩”，属鄂托克旗。1929年成立宁夏省陶乐设治局，1941年升为陶乐县。这样，“套虏”就变成了“陶乐”。陶，有快乐意，陶乐，也就是“乐陶陶”的意思。

屯堡，亦称堡寨，是明朝驻军屯防的军事产物。“堡”为土筑的小城，是驻军屯田的基地，兼有从事农牧业劳动和戍守作战两项任务。明代，仅宁夏平原就有驻军的屯堡156个，查考这些屯堡名称的由来，正如《乾隆宁夏府志》所载："宁夏堡寨，或以人名，或以事名，以地名。"以人名者，在堡寨名称中最多，约占"什之六七"。如今属青铜峡市的堡寨：叶升堡（今作叶盛），建于明洪武九年（1376），堡以明代宁夏卫副将军叶升的名字命名；瞿靖堡、蒋鼎堡（今作蒋顶）、陈俊堡等，均是明洪武初年设堡，以守堡官名字命名。如今属永宁县的堡寨：杨和堡，以明代甘肃庆阳人、宁夏参将杨和的名字命名；王泰堡（今作王太），以明代宁夏左屯卫指挥使王泰的名字命名，王泰后战死于盐池；李俊堡，以明代都指挥同知李俊的名字命名；李祥堡，以明代都督佥事李祥的名字命名；还有王鋐堡（今作望洪）、任春堡（今作仁存）等，均是以守堡官的名字命名。再如今属平罗县的堡寨：周臣堡（一作周澄，今作周城），以明代延绥人、都指挥周臣的名字命名；姚福堡（今作姚伏），以明代守堡官姚福的名字命名，1945 年更名为邀福，1955 年改为今名。再如李纲堡（今作立岗，属贺兰县）、金贵堡（属贺兰县）、张政堡（今作掌政，属银川市）、吴忠堡（属吴忠市）等，均以守堡官的名字命名，总数达 50 多个。其中，如潘昶堡、林皋堡、邵刚堡、魏信堡、唐铎堡、许旺堡、王澄堡、刘亮堡、杨显堡、雷福堡、桂文堡、常信堡、高荣堡、杨信堡、虞祥堡、谢保堡、张亮堡、丁义堡、宋澄堡等都有可能是以守堡官或屯长的名字命名，除林皋堡、邵刚堡等地名今日还在使用外，其余的已很少使用了。

以事名者、以地名者，"大抵据扼塞，驻军屯以遏寇虏"。以事命名的堡寨，多带有明显的民族敌对色彩，如镇北堡（今属银川市，即镇北堡西部影视城）、平羌堡（今为平吉堡，属银川市）、镇虏堡（清代以谐音改镇罗堡，属中卫市）等。另外，还如靖夷堡、平胡堡、靖虏堡、镇朔堡、镇靖堡、控夷堡等，均是这样命名的。以事名者还有其他情况，如中宁县的余丁乡，明代宁夏卫在役军士和屯田兵士的子弟称为"余丁"，便将此处的一条渠称作余丁渠，后乡因渠得名。又如同心县下马关，又名下马房关、长城关。每年防秋，固原总兵移于此指挥战守，巡抚、总督等大员阅视东边防务亦必驻此或"下马休息"，久之易名曰"下马关"。以地命名的堡寨，多以其邻近的所在地名或地物的位置命名，如渠口堡（属中宁县）、金积堡（属吴忠市）、河西堡（属永宁县）等。除这三种命名方式外，还有一种以某种寓意命名堡寨的，如广武堡（广武营，今属青铜峡市），明正统九年（1444）筑城屯兵，以“广布武德”之意命名；常乐堡（属中卫市），明代筑堡，寓“常乐”意；柔远堡（属中卫市），明代筑堡，以“怀柔远方”之意命名；威武堡（今恩和堡，属中宁县），明代万历年间筑堡，因此地居民尚武，“敢战斗”，故命名“威武”。清乾隆十一年（1746），中卫知县姚恪，“以其民多尚武抗粮”而改名为恩和堡；惠安堡（属盐池县），明代筑堡，以“惠政安民”之意命名；等等。

明代在边防线上还设有很多烽堠，也就是烟墩，遇警便昼燃烟、夜点火依次传递军情。宁夏同其他北部边防重镇一样，在视野开阔的重要据点，相隔数里就设有一处墩台。这些墩台历经千百年的风风雨雨，许多已荡然无存，而作为地名却有不少沿用下来。如贺兰山的金塔墩，今在永宁县有金塔村；中卫市的凯歌墩，今在其地有凯歌村；惠农县的燕子墩，今在其地有燕子墩乡；吴忠市古城乡因其地有明代建的古城墩而得名；等等。

明代军队驻扎的地方，常以“营”称之，宁夏有许多称作“营”的地名，如青铜峡市的广武营、玉泉营，盐池县的清水营、兴武营，固原市的头营、二营、三营、四营、五营、六营、七营、八营等。这些地方都是明代驻军之地，经年日久，当地人便相沿成习，以军营之名称呼其地了。

往事悠悠越千年，弹指一挥间。虽然明代的军事建制体系和卫所堡寨早已荡然无存，但有些名称却作为地名一直沿用下来，成为历史的见证。现在，我们依然能从这些地名中，想象出当年宁夏地区金戈铁马、硝烟弥漫的战争场景，感受到那一段历史的真切与鲜活。

新中国成立前后吴忠地名变迁

吴忠自民国设置以来，地名变化非常大。新中国成立前后吴忠地标性建筑很多。民国时期，吴忠作为一个堡，是有城的，城的边长约半里，周长两里多，比金积城和灵武城都要小。城的北面是北湖，西面是西湖，南边秦渠与南城墙之间也有湖，只有城东是一条水渠，这就是后来的迎门渠，城墙在新中国成立初被拆除。现在我们只有梳理一下新中国成立前后吴忠的地标性建筑，才可以让本地的历史文化脉络更清晰，而且有助于我们回忆当年曾用过的地名。

鼓楼：建于何时不详，毁于20世纪50年代末。其位置在今天的新生街与民生街交会处南侧。它原来位于吴忠东城门，曾任教于吴忠中学和吴忠师范等多所学校的美术老师樊华光先生曾有吴忠鼓楼的水粉画作传世。

石桥：新中国成立前后有一条宽约2米的水渠，自今天的中华桥桥头处的渠首，引秦渠水自南而北，贯穿今日利通街。这条水渠上有许多木板小桥连接街道与西侧各商家、铺面，其中位于鼓楼附近的一座石制小桥最有名，俗称“石桥子”。该石桥位于吴忠的东城门外，新中国成立后被拆除。

城隍庙：位于吴忠城的西门，与鼓楼遥相呼应。该建筑与鼓楼相连，是一条当年的主街道，叫东大街、西大街，这条街道就是今日的民生街。该建筑在20世纪50年代被拆除。

张俊府：在城的南门外约200米。由张俊府向北进南门直通北门，这就是当初的南大街、北大街。其与东大街、西大街形成十字交叉格局，交会处应该在今日的兴教寺南侧。西大街与北大街交会处，北侧空旷，有西塔、无量殿、鲁班庙，几乎没有民宅。而南面则是西寺、文庙、小学及民宅、店铺。西塔、无量殿、鲁班庙、文庙等建筑，新中国成立后都先后被拆除。张俊府邸及花园也在新中国成立初期被拆除。

旧时鼓楼（作者：佚名）

东门外石桥子北侧有关帝庙、三官庙等，也都在新中国成立初期被拆除。东门外因无湖，有发展空间，逐步形成了后来的利通街与朝阳街。

在堡城外，还有两处地标性建筑需要提及：一处是人民会场，约在今日利通一小附近；另一处是河东法院，约在今天的利通区公安局北侧。新中国成立后都改为他用。

新中国成立前，河东法院的南侧还有一处叫谦益店的大车店。吴忠是水旱码头，商贾云集，为了防匪患、兵患，有钱人就修了保护其安全的寨

鼓楼（水彩画）（作者：樊华光）

子。彼时吴忠市区的几处寨子是：大寨子，在今农牧局南；小寨子，在预备役团内；马月坡寨子，在金塔小区东；陈家寨子，在今早市南侧。

吴忠地名变化最快、最大的时期，是吴忠刚解放那个特殊的历史时期。

1949 年 9 月吴忠解放，年底成立吴忠市，共设 4 个区，城内街道开始改名、取名。吴忠的重心开始由城内移向东门外，迎门渠东侧很快发展起来了，成为主要街道。

根据吴忠市收藏协会副会长马站先生收藏的人民银行的一份贷款档案记载，到1951年5月1日，吴忠取消了南大街、北大街、东大街、西大街的名称，重新更名起名，吴忠市当时有街巷15条，其名称如下：利通街、朝阳街、民乐街、新生街、民生街、裕民街、复兴街、丰宁街、北马路、南马路、中信街、大同街、自强街，另有鼓楼巷和猪肉巷。

今天看来，1951年的15条街巷，已经丢失掉了一大半，只留存7条。城中的街巷名称消失了，城郊也有地名在消失，比如1952年的一份贷款资料上记载，吴忠的4区2乡是上桥乡、5乡是罗渠乡、3乡叫王国稍乡。没有几个人能说清楚其来龙去脉，就消亡了，只能依据其靠近的乡村来判断。紧靠的2乡是上桥乡，王国稍乡大约就在上桥乡附近。

吴忠历史悠久，但文化缺失太多，地上的建筑已消失殆尽，保存下历史地名，应该是一种挽救，虽然有点晚，但总比任其消亡要强。但愿我们这一代能挽救和保存更多历史地名和文化信息。

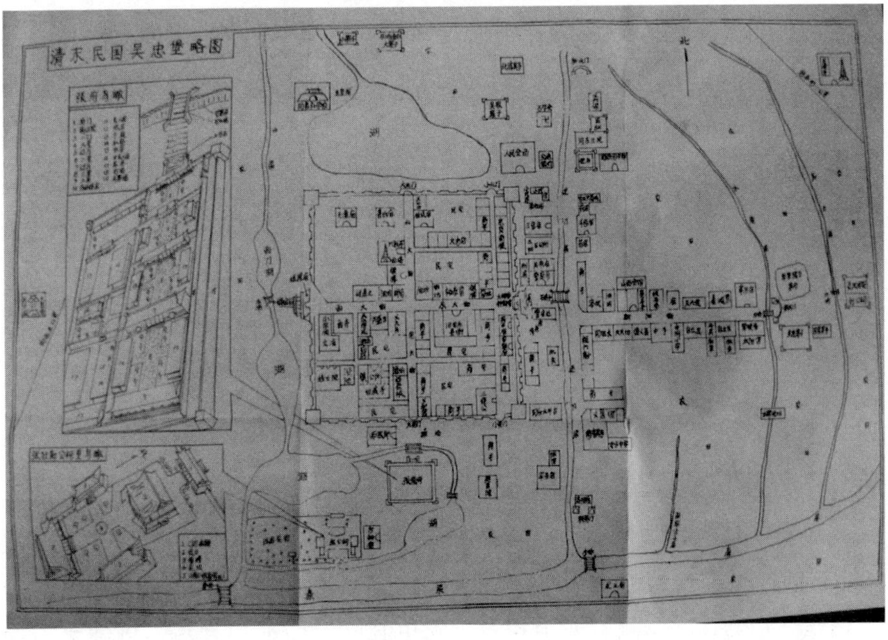

清末民国吴忠堡略图（《吴忠市地名志》）

青铜峡溯源

位于青铜峡市所在地小坝南20千米处的青铜峡，是一条东有牛首山，西有峡口山，两山相夹的大峡谷。黄河流经其中。晴天时，两岸山石“土色如金”，峡谷在蓝天白云的映衬下呈现出青铜的颜色，故名。又有传说，大禹治水时溯河至此，见大河之水被山阻隔，于是挥动手中青铜开山巨斧，在此处劈开一峡谷，因而得名。清代《乾隆宁夏府志》卷三中记载：“对岸山石嵯岈，与河流映照时作青红色，疑返照之翻赤壁，殆青铜峡之所由名。”但青铜峡究竟何时何因得名，还是一个有待求证的疑问。

2008年冬，笔者为《黄河青铜峡水利枢纽工程建设史》撰稿时，与好友王宗义先生采访了时年93岁、新中国第一代水电专家、原青铜峡水利工程局施工总工程师礼荣勋老先生。采访时，看到了礼老珍藏的一些有关水利工程建设的照片，其中有一张是原立于青铜峡大峡谷黄河东岸、牛首山西麓一座上书“青铜峡”三字巨型石碑的照片。礼老告诉笔者，青铜峡水库大坝水利工程河床截流之前，想把这块石碑迁出，免其因水位升高而淹没。他安排人员将石碑基座挖出，调来了大卡车、吊车，准备了钢丝绳，就要把石碑装运搬迁时，有人提醒说：这是件旧东西，花这么大的气力保护它会不会遭到非议？在那个极左的年代，这是一个很敏感的问题，于是他只好作罢，放弃了石碑的搬迁。1960年2月24日，随着大坝合龙，这块石碑便葬身水府，与世隔绝了。从这块石碑上或许能考证出一点“青铜峡”得名的信息，但随着石碑的消逝，今天已成为一个遗憾。

6世纪北魏时郦道元所注《水经注》卷三“河水三”中对青铜峡一地有这样的记载：“河侧有两山相对，水出其间，即上河峡也。世谓之为青山峡。河水历峡北注，枝分东出。”据此，人们得出青铜峡在东汉时称上河峡，北魏时称青山峡。

那么，这个古代称“上河峡”“青山峡”的峡谷，何时又被称作“青铜峡”呢？明代《嘉靖宁夏新志·卷之一（五）·山川·峡口山》记载：“城西南一百四十里。两山相对，黄河经其间，古名青铜峡，有古塔一百八。”《明史·地理（三）》载：峡口山“一名青铜峡”。这是目前所见关于青铜峡这一称谓最早的史料记载。但这些记载中没有明确这一称谓自何时始，只是说“古名”。这个“古名”溯自何朝何代，则史无考。

还是明代《嘉靖宁夏新志》中同一条中载有宋代张舜民的一首诗：“青铜峡里韦州路，十去从军九不回。白骨似沙沙似雪，凭君莫上望乡台。”据此，有人称青铜峡得名于宋代，即宋代时已有了“青铜峡”这样的称谓。但有人考证，张舜民的诗中写的不是“青铜峡”，而是“青冈峡”。宁夏文史研究馆馆员陈永中先生在《“青冈岭”与“青冈峡”——兼说清远军、甜水堡、萌城》（见《宁夏文史》2007 年第五期）一文中考证，青冈峡指的是今宁夏盐池县和甘肃环县交界处的萌城、甜水堡一带的一处地势。笔者认为，无论是从张舜民的“青铜峡里韦州路”来看，还是从张舜民描写的从军往灵州攻打西夏所经过的灵环古道行军路线来看，陈永中先生的考证是非常有道理的。张舜民诗中所写的“青铜峡”应是“青冈峡”，而非“青铜峡”，这里的“青铜峡”只是后人对该诗的演绎附会之作。这就是说，“青铜峡”之称谓始于宋代的说法也是没有根据的。

由上述史料的追溯，我们能看出，“青铜峡”这个称谓只能上溯到明代，至于明代人所说的“古名”究竟“古”到什么时候？还是一个有待考证的谜。

青铜峡地名考证

青铜峡山河相交，地形险要，为宁夏水利之枢纽，行政设置较晚。1960年始将金积、宁朔（两县废）和中宁 3 县部分地区划设为市，以青铜峡命名。其他地名包括乡、镇、村、街道办事处、居民委员会，据民政部门及有关历史资料查证，历代采取“随世易名，因地殊号”，因此地名产生的历史长短不一。从地名的设置不但可以看出境内各族人民活动的情况以及行政建制的记载，而且从发现的文化遗址和文物中可考，地名的设置与光辉灿烂的文化、文物、地理位置、当地历史名人、建筑物有着极为密切的联系。

宁朔 清雍正二年（1724）建县，借用古县名命名，意谓安宁的朔方之地。古宁朔县，后周置（《隋书·地理志》），宋设西夏（《中国古今地名大辞典》）。故址在今陕西省横山县南，靖边县东北杨桥畔附近的芦河边（《中国历史地图集》）。1960 年撤县。

青铜峡 因青铜峡而得名。青铜峡，南距小坝 20 千米，两山相夹，黄河流经其中。晴天时，两岸山石“土色如金”，峡谷在蓝天碧水中互相映衬，呈现出青铜的颜色，故名。东汉时称上河峡，北魏时称青山峡，唐时称硖石、大石山，宋时称青铜峡。至今已逾千年的历史。“青铜峡”一名来历也有传说，传说公元前2000 多年的舜帝时代，黄河流经沙坡头后，就流进了庆阳湖，因湖水不通海，所以上游受涝，下游受旱。大禹为开峡引水，救百姓于水火之中，就借助神力，集中民智，凝聚民力，苦炼3650 个日夜，熔铸青铜斧，劈山引水。时值夕阳西下，霞光万道，与青铜斧交相辉映，大禹兴奋之际，便提笔在牛首山峭壁疾书“青铜峡”，自此便有了青铜峡之名。明《宣德宁夏志》称：“青铜峡，疑今之峡口是也。《水经》曰‘上河峡’。”1960 年设青铜峡市，1963 年撤市设县，1984 年撤县恢复县级市。

瞿靖 原名瞿靖堡，明洪武九年（1376）筑堡，因人名瞿靖而得名。瞿靖，祖籍今陕西韩城，其祖父瞿建业领屯民落户到此。相传，瞿靖外号叫“瞿大胆”，原在军营中当一小吏，因移建堡旗杆而被官方处死。堡寨建成后，人们为纪念他取名为瞿靖堡。民国三十年（1941）始设瞿靖乡，新中国成立初亦设瞿靖乡，1985 年撤乡设镇。

叶升 原名叶升堡。明洪武九年（1376）筑堡，以副将军叶升名字命名。叶升，今安徽合肥人，明洪武二十五年（1392）为抗击蒙古贵族铁木耳扰掠被杀。20 世纪 50 年代中期，有人把“叶升”误写为“叶盛”，随后一些行政职能单位也把“升”写成了“盛”，造成“升”与“盛”混用的现象，如“叶盛黄河大桥”“兴盛桥”等。1955 年始设叶升乡，1985 年撤乡设镇。

峡口 因黄河峡口而得名。峡口又因位于黄河流经青铜峡两山对峙的峡谷出口处而得名。1955 年始设峡口乡，1994 年撤乡设镇。

大坝 因唐徕渠引水而修筑一坝（在今韦桥村第一村民小组东），称唐坝。明洪武年间（1368—1398）在唐徕渠口建驻军屯堡，称唐坝堡。后因驻军守营，改叫大坝营或大坝堡。民国三十年（1941）建置乡，取名为大坝乡。

立新 新中国成立前无人居住，1955 年为大坝劳改农场。1964 年，原广武（红卫）农场库区部分群众迁移组成广武农场分场，时称大坝地区。1969 年 2 月与红卫（广武）农场分离，单独成立大坝农场。1971 年 2 月取名立新人民公社，有“破旧”“立新”之意。1984 年 2 月改为立新乡，2001 年 11 月撤乡设镇。

邵刚 原名邵刚堡。明洪武初年设堡，以堡屯长邵刚名字命名。后人不分“刚”“岗”，两字混用，许多史志书籍以讹传讹，写成“邵岗”，实属误笔。1955 年始设邵刚乡。

蒋顶 原名蒋鼎堡。明洪武九年（1376）筑堡，以堡屯长蒋鼎取名为蒋鼎堡。因“鼎”字笔画较多，遂以“顶”替代“鼎”字。有史料可查，清宣统元年（1909）已出现“蒋顶”地名。新中国成立后，政府公文常用“蒋顶”称谓。1956 年始设蒋顶乡。

小坝 原名汉坝堡，为明代宁夏卫属堡，得名与汉延渠水利设施有关。元代，董文用、郭守敬修渠建坝，立木闸，遂得名汉坝。

中滩 原名马家滩。清同治初年，回族聚居，又因居民多姓马而得名。1955 年设马家滩乡，1959 年因其地处黄河中间而改名为中滩乡。

广武 原名广武营，为明代边防宁夏西路要冲。明正统九年（1444），巡抚都御史金廉始奏筑城，以“广布武德”之意命名为广武营。1955 年始设广武乡。

甘城子 原名干城子。始建于明末清初，是防御外敌入侵的边城。相传建城时，城正中有一眼泉，泉水向外喷涌，清甜甘洌，军民吃用有余。后来，从西边的大山里来了一名老道人，其蓬头垢面，破衣烂衫，手提赶蝇白刷子。老道人又热又渴，进城向一个商人讨水喝。商人一见老道人那副肮脏的样子，挥着手说："快走开！没水！没水！"老道人向前走了几步，又向一名挑水军汉讨水喝，军汉喝道："滚开！臭要饭的，哪里有水给你喝！"老道人淡淡地说："充名儿是座城，原来是座干城，难怪老汉讨口水都讨不着。"说着话把手中的白蝇刷子向城中间一招，泉眼里"咕咕嘟嘟"响了一阵，悠悠升起一团青气向空中飘去，青气中隐隐有一条小白龙在摇头摆尾，这时讨水的老道人也不知去向。等到人们再去泉眼口打水时，泉眼已干涸了。因为缺水，很快人去城空，成了一座荒城，后人称干城子。1978 年兴建扬水工程，开发利用这片土地，将原来的干城子更名为甘城子，取"甘甜"之意。1996 年始设甘城子乡。

明代九边军镇与宁夏后卫——花马池

1368 年，享国运不足百年的元朝政权被朱元璋领导的农民起义军推翻了。元朝灭亡之后，末代皇帝元顺帝妥懽贴睦尔带领蒙古王公贵族和所剩部队退至上都（今内蒙古正蓝旗境内）并建立政权，史称"北元"。由于明军的不断打击以及蒙古贵族的离心离德，1402 年，北元政权灭亡。虽然元朝作为一个完整的政权已经不复存在，但蒙古各部如鞑靼、瓦剌等依然保存了相当的实力，不时南下骚扰明朝边境。因此，明朝在长城沿线设置了九个军事重镇，史称"九边"重镇。这九个军事重镇分别为：辽东镇（今辽宁沈阳市）、蓟州镇（今河北遵化市）、宣府镇（今河北石家庄市宣化区）、大同镇、山西镇、延绥镇（今陕西榆林市）、宁夏镇（今宁夏银川市）、固原镇、甘肃镇。

朝廷在这九镇各设置有总兵、巡抚，数镇之上还有总督。这些封疆大吏统领的兵力，多时达百万，少时也有几十万，约占全国兵力的三分之二。如此众多的兵力，基本上都是为了阻止剽悍的蒙古骑兵寇边。

九边重镇中，延绥、宁夏、甘肃三边由驻节固原的陕西三边总督总制，三边总督可以调遣三镇兵力，共同防御。

其时，侵入宁夏镇花马池一带的蒙古军队主要为吉囊和他的弟弟俺答部族。

吉囊（1506—1542）　达延汗（本名巴图蒙克，孛尔只斤氏，成吉思汗第十五世孙，成化十五年即汗位，明人因其年幼而称之为蒙古“小王子”，被誉为蒙古历史上的“中兴之主”）之孙。明正德十四年（1519）嗣济农位，领右翼三万户，驻帐于鄂尔多斯（达延汗将东蒙古划分为六个万户，其中鄂尔多斯万户即内蒙古自治区鄂尔多斯市），游牧于黄河河套及以西地区。嘉靖初，势力日强，率领弟弟俺答等东征西讨，雄冠诸部，并多次领兵进入大同、凉州、宁夏等地进行劫掠，给明朝西北边境造成严重威胁。

明代蒙古吉囊、俺答部从漠北进攻宁夏及其南部固原地区，通常有两条主要线路：一条东入，是由灵武、盐池一带突破边墙，经同心韦州、预旺直向固原；一条西入，由贺兰山赤木口入，沿中卫、中宁一线过黄河，沿清水河南下直入固原。许伦《九边图论·宁夏》载：“今之论者，以固原为堂奥，响石沟至花儿岔为第二门，花马池一带为第三门，谓有重险矣。”

其实，对于明朝廷来说，作为边地，宁夏镇的花马池一带可算是蒙古南下的第一道防线。《九边图论·宁夏》载：“花马池一带边人谓之大门，若拼力坚守花马池，则固原自可无虞。”

花马池位于河套地区的西南，属宁夏后卫，分布着大大小小的盐湖，在明代即以“行盐”著称。同时，花马池地处河套、榆林、宁夏交界地带，是四通八达之地。明中后期，花马池之所以成为宁夏镇边防重地，便在于散居于河套地区的蒙古部屡次由此突破榆林、宁夏长城之阻隔，进入

盐池古城墙

内地。因此，“防秋”之时，陕西三边总督便移驻于此。嘉靖年间兵部奏称：“宁夏花马池，虏骑冲突之所，最要害也。近议每秋总督亲往高度，此诚扼吭先制之计。”（《明世宗实录》卷二四四）“按全陕以延、宁为藩篱，花马池为户门，固原为堂奥，故督府岁于花马池防秋，盖亦居中乘便之意。”（明张雨《边政考》卷三《固原卫》）。

综上所述，在明代，花马池城在延绥、宁夏和固原三镇中居于非常重要的战略地位，花马池失则固原失，固原失则中原的西北门户大开。

盐池境内的明长城

盐池县自古为兵家战略要地，盐池北部地区地势平坦，有草原盐湖，既可农耕，也可放牧，又可凭盐之利，所以战事不断。

横亘在盐池县境北部有两道长城，一道在北，为明成化十年（1474）所筑的河东墙，因位于黄河以东，故名，俗称二道边。紧靠县城北侧的一道即是深沟高垒，也称头道边，因采取了“内筑墙、外挑壕堑”的修筑方法而得名。夯筑土层中多有红色胶土掺入，干燥后呈紫色，故名紫塞。《嘉靖宁夏新志》载：嘉靖十年（1531），三边总制王琼以“城离军营远，贼至不即知”为由，上奏朝廷批准后修筑。

深沟高垒与河东墙原本是一道长城，修筑时于兴武营城东500米处撇开河东墙，南移5~10千米不等另行起筑，并随即废弃了兴武营以东的河东墙。由西向东，经过盐池县高沙窝、王乐井、花马池等乡镇，直通定边县盐场堡。盐池县境内长63千米，是宁夏境内现存古长城遗迹中保存最好的一段。但由于风蚀雨侵，失去了原来面貌。现存顶部残宽0.5~2米，残高5~8米，墙体北侧被大量积沙覆盖，每隔300米建造的一座矩形敌台，还整齐地排列在墙体外侧。

长城的南侧筑有城障，每隔15千米筑一小城，30千米筑一大城，大城原砌以砖石，“文化大革命”时被拆除，土筑城垣保存尚好。民间有“三十里一堡，六十里一城”之说。盐池境内有花马池城、高平堡城、兴武营城，其各相距30千米；在三座大城中间有安定堡、英雄堡、天池子堡三座小城，兴武营西15千米处有毛卜剌堡。

盐池境内的两道长城修筑相隔39年，也就是说，河东墙修起39年后，三边总制王琼认为它的防御能力已经降低，不惜花更大的代价另筑新的长城，这就是深沟高垒。

观赏盐池明长城，可以引起我们无尽的遐思。长城是中华民族不屈的脊梁，值得我们永久珍藏和记忆。

长城关

长城关是中国万里长城中唯一以“长城”命名的关隘。

据史料记载，长城关坐落在盐池县城北门六十步之外的“深沟高垒”上，为襟喉总要，是在明嘉靖九年（1530），副使齐之鸾根据三边总制、兵部尚书王琼的授意修筑而成。史书形容其高台层楼，雕革虎视，凭栏远眺，朔方形势毕呈于下。关上有楼，高耸雄壮，书以“深沟高垒”“朔方天堑”“北门锁钥”“防胡大堑”等字。关楼设有暗门通往塞外，关外立有市场，“蒙汉交易月三次”。

据调查，在今盐池县城原北瓮城（即威胜门）之北 120 米，北关北路至制药厂之间的泄洪沟桥南侧，头道边之上，即长城关基址。今关楼早已颓圮，关楼之下现已辟为豁口通道。

古今军事家无不重视关隘的险峻。险关要塞，守之则有万夫莫开之利，失之则有全军覆没之危。毛泽东曾以“雄关漫道真如铁，而今迈步从头越”的诗句来形容娄山关之形胜。“长城关”则建在地势较为平缓的花马池，这正是与其他关隘区别的独特之处。也足以证明花马池城和深沟高垒在宁夏东路和三边重镇的战略地位。

明王朝与鞑靼部之间战事频繁，在长期的战争中，明王朝不得不强修工事，加强战争的防御能力。为了保障环庆襟喉、平固门户的安全而在长城上修筑长城关。它与嘉峪关、山海关、居庸关、大同关等均为明代长城上重要的关门设置，在军事上有着十分重要的意义。总制陕西三边军务、兵部尚书王琼曾写有《九日登长城关楼》诗一首：

危楼百尺跨长城，雉堞秋高气肃清。
绝塞平川开堑垒，排空斥堠扬旗旌。
已闻胡出河南境，不用兵屯细柳营。
报喜御戎全上策，倚栏长啸晚烟横。

花马池城

明代的花马池城有两座，一座在“塞外花马盐池北”，被称为旧花马池城；另一座即今盐池县城。

据考证，旧花马池城坐落在今北大池东北角。遗址呈正方形，边长370米，墙体为鱼脊状隆起，最高处不足3米，门面东开，带瓮城。

据《国榷·卷二十三》记载：正统元年（1436），宁夏总兵官史昭以“宁夏孤悬河外，东抵绥德二千里，沙漠旷远，难以守备”为由，建议朝廷“于花马池筑哨马营，增设墩堠”。正统八年（1443）九月，宁夏总兵

官史昭还京师，命延绥、宁夏于花马池、定边营之间划定各自分守界线，以黄真为宁夏总兵官。十月十二日，镇守延安、绥德的都督佥事王桢也上奏：“乞于宁夏分画地界于花马池、定边二营之中，各认分守，有警不致推调。兵部请命参赞军务佥都御史卢睿等躬临其地，如奏处之。”

天顺年间，“以城（旧花马池）在今长城外，花马盐池北，孤悬寡援”为由，改筑花马池城（即今盐池县城）。

正德元年（1506）一月，杨一清总制延绥、宁夏、甘肃、陕西边务。九月，杨一清上奏：“花马池至灵州，地宽延，城堡稀疏，鞑靼毁墙而入，则固原、平凉受其害。”成化初年，宁夏巡抚徐廷章（余子俊）虽然筑有延亘二百余里的边墙，但由于以后边备荒疏、墙堑日夷，故弘治以来，鞑靼连年侵扰。杨一清建议发宁夏、西安等府、卫九万人维修河东墙。明武宗准其奏，并拨币数十万两作为经费。第二年四月，兴工修复自横城至花马池的河东墙。由西向东而筑，只修完三十里，便因饮水饮食发生困难，疾病流行，役夫发生哗变。杨一清知人心难犯，下令停筑，许之以筑完花马池城即放散。花马池城五日筑完之后，民夫遣散。

花马池城（现盐池县城）“城高三丈五尺，周回七里三分。池深一丈五尺，阔二丈。东、北二门，上有楼”。东瓮门南开名永宁，南瓮门东开名广惠，北门东开名威胜。北瓮城早年已毁，东、南两瓮城尚留部分残迹。城以鼓楼为中轴，分东西、南北两条主要街道。清乾隆六年（1741）曾有修葺，并于城南部展筑，开设南门。

盐池县古为西戎牧地，秦汉时为北地郡煦衍县，隋属盐川郡，唐隶盐州，西夏时仍为盐州领地。明正统九年（1444）置哨马营，为宁夏东路。弘治六年（1493），巡抚、都御史韩文于花马池城（今盐池县城）奏置花马池守御千户所。正德二年（1507），总制、左都御史杨一清奏改千户所为宁夏后卫，领五个千户所，五十个百户所，辖安定堡、柳杨堡、铁柱泉三堡寨。嘉靖十八年（1539），鉴于鞑靼扰掠多在秋天，故决定秋天移陕西三边总制府于花马池（今盐池县城）。是以花马池素有“灵夏肘腋，平固门户，环庆襟喉”之称。康熙三十六年（1697）二月，康熙帝亲征噶尔丹。二月二十日抵达花马池城，宁夏总兵王化行请“行围花马池以观军容”。康熙帝以“噶尔丹未灭，马匹关系紧要，罢猎而休养马匹”为由，不允所请。二十二日抵兴武营。兴武营古城位于盐池县城西北48千米，高沙窝镇二步坑村。城址坐落在“河东墙”和“深沟高垒”两道长城交会处的低洼地带。东到兴武营自然村500米，南到西山寺山梁700米，西、北两面为河东长城。

唐高宗调露元年（679），为了安置内附少数民族，唐朝廷置鲁、丽、塞、含、依、契六胡州，兴武营一带地属鲁州如鲁县，时为月氏族居住地。元顺帝北迁建立北元政权，其时蒙古鞑靼部落不断南侵，因以今兴武营城池旧地筑城防御。筑城之前有旧城，俗谓“半个城”，相传为西夏元昊营地。

明正统九年（1444），巡抚、都御史金濂始奏置兴武营，以都指挥守备。成化五年（1469），改守备为协同，守宁夏东路。正德二年（1507），右都御史杨一清奏改兴武营为守御千户府，领毛卜剌堡，隶陕西都司。城周回三里八分，高二丈五尺，四隅有角楼。时有“灵夏重地，平庆要藩”之誉。设协同官一员，千户三员，百户六员、镇抚二员、仓大使一员，司吏一名、典吏一名，仓攒典一名。原额旗军一千一百二十名，马二百三十匹；户一千一百三十五，人口三千四百五十三人。城中原置鼓楼，今仅存土筑方形台基。南门城外有古井一口，俗谓“龙踏井”。雍正三年（1725）省并宁夏后卫，改置花马池分州，隶属灵州。1913年改置盐池县，花马池城为县政府驻地。

八步战台

八步战台位于盐池县城西70余里青羊井村，筑于“头道边”内侧15米处，四周有坞墙，35米见方，门向南开。坞城之外有小城壕遗迹环绕。

战台筑于坞城正中，门南开，台高 20 余米，基阔 15 米，土筑，外砌砖四层，顶部四周有垛口，垛口下四面开设箭窗，每面三孔。台内构造分三层，底层为砖箍拱券形，门洞直达北墙，进门即有斜形台阶登临，至战台半腰，中间是穹庐顶式空心室，室内正中有过道，顶部沿墙四周皆修房屋，除北边留一通道外，其余三面共十一间，门向内开，而窗户向外。空心室东北角有台阶可登临顶部。顶部平面铺砖，垛口亦为砖砌。

八步战台数百年来保存完好，1964 年兴修水利，将外部两层砖拆去使用。1968 年战台被炸毁，现仅有 16 米高土筑墩台残迹。

由八步战台向东，在“头道边”内侧还有三座战台废址，每座之间相距二里。建筑形式与八步战台相似，外部砌砖也已被拆毁，现存土筑残墩。由东而西，分别被称为四步、六步、七步、八步战台。

这组战台，据明代《大司马黄公敕建四台记》碑刻所载，建于万历年间，“黄公”即黄嘉善。万历二十九年（1601），黄嘉善任宁夏巡抚兼都察院右佥都御史。之前由于长期欠发边军粮饷，引起兵变，叛军勾结鞑靼冲进巡抚署，杀死巡抚，抢走印信。黄嘉善赴任后，首先向朝廷申请减免宁夏田赋，使百姓安居乐业。后又整顿军纪，提高军队战斗力，数次击退鞑靼侵扰。他还和大将萧如薰齐心协力，伐贺兰山木材，修建宁夏（今银川市）的前沿阵地临河堡。万历三十二年（1604），黄嘉善升任都察院右副都御史，接着加封为兵部右侍郎。黄嘉善在宁夏任职的10年期间，功绩显著，保卫边疆，让老百姓过上了安稳的生活，当地人民为他建立了祠堂祭拜他。

万历三十八年（1610），黄嘉善总督陕西三边军务，统率延绥、宁夏、甘肃三边重镇的军事。他加强边防建设，组织军队屯田，以农养兵，保证军需。八步战台应该就是这个时候修建的。

有一次，鞑靼军潜入花马池城下，黄嘉善亲自登上城墙约战，敌军见状大吃一惊，想要逃跑。黄嘉善命令打开城门出击，经过一番厮杀，鞑靼死伤无数，黄嘉善大胜而归，这就是著名的“三边大捷”。

惠安堡古城

建于明代的惠安堡古城，其历史地位不在花马池城之下，是古代灵环道上的一个重要驿站。明嘉靖六年（1527），由巡抚、都御史翟鹏奏筑。城周二里四分。

古灵州通往内地驿道主要有三条：其一，沿环州青冈峡、庆州、邠州至中原；其二，溯清水河而上，经镇戎军、韦州一线至关中；其三，沿盐州、夏州经陕北至关中，这三条道路以灵环道最为重要。

《武经总要》“环州”条载，环州治通远县“北至洪德寨、灵州八十里。寨北即蕃界。青冈峡、清远军、积石、浦洛河、耀德镇、清边寨、灵州共七程。沙渍无邮传，冬夏小水。按《皇华四达记》，至灵州五百四十里”。中原至灵州官吏、使节、商贾均沿此道而行。这段史料中所述的浦洛河即流经惠安堡附近，今称苦水河的地方。

惠安堡古城城堡犹在，除东城墙已为居民建筑外，南、北、西三面城墙残基尚存。城堡筑有南、北两门，北城门已毁，只留下了城门豁口和瓮城遗迹轮廓。南门瓮城已拆除，但砌以砖石的城门洞保存较为完好，高约一点五丈，宽一丈，长三丈。城堡略呈正方形，东西长约一百九十双步（每双步 1.5 米），南北宽约一百七十双步，与史料记载的“城周二里四分”吻合。距南门约二百双步处，孤存高垒一座，下有一南北向的砖石穹圈城门洞，高约一点五丈，宽一丈，长五丈，与南门遥相呼应。

《嘉庆灵州志迹》载：“（惠安堡城）有门二道，门楼二座，南北敌台三座。”原南、北城门之上分别建有庙宇，北门为“玉皇阁”，南门为“火神庙”。此外，城外建有“关帝庙”“盐神庙”“城隍庙”等众多庙宇。南门外高垒上的“财神庙”有正殿两间，东西侧殿各两间，围墙高约八尺，墙上有射孔，国民党盐池县政府曾驻扎于此。这些庙宇多在“文化大革命”时被毁。

惠安堡西有无名盐湖，明清以前当地人直呼其为“盐池”。因盐湖规模不及百里以外的“花马池”等盐湖，故又称其为“小盐池”。临近盐湖东北方向有一古城堡，被称之为盐池城或小盐池城。这里的城堡名、盐湖名，都称作“盐池”或“小盐池”，合二为一，成了一个地理方位的称谓。后花马池城设为盐池县治，惠安堡的盐池城就被称作“老盐池”。

同心县的源流

同心县位于宁夏回族自治区中南部，为吴忠市所辖，是全国建制县中回族人口最多的县。北距银川市 218 千米、吴忠市 160 千米，南至固原市 123 千米。至北京 1643 千米、兰州 360 千米。

同心县历史悠久，西汉时，始有行政建制，置三水县。东汉末，曹魏废三水县。隋唐以后 1000 多年未有建县，该县县境长期被南北分割，分别大体归今固原、灵州（吴忠）所辖。

同心县城所在地曾名“半个城”，后因明末李自成农民起义军攻城，城内军民同心抵抗，未被攻下，故称“同心城”。

清同治十三年（1874），设立平远县。平远县于中华民国三年（1914）易名镇戎县。民国十七年（1928）镇戎县又易名豫旺县。1936年6月27日，西征红军攻克豫旺县城下马关，国民党豫旺县政府机构被摧毁。

1936年10月20日至22日，中共陕甘宁省委在红军的大力协助下，在同心城清真大寺成立了中国第一个少数民族自治政权——豫海县回民自治政府。1938年，国民党豫旺县政府恢复，由下马关迁至同心城，改为同心县。

1949年9月12日，同心县全境解放，同心县人民政府随即建立，隶属宁夏省。1954年8月，宁夏省建制撤销，并归甘肃省，同心县也随之隶属甘肃省。1958年10月25日，宁夏回族自治区成立，同心县隶属宁夏回族自治区至今。

趣话太阳山的地名

太阳山位于宁夏回族自治区吴忠市南部同心县韦州镇与盐池县惠安堡镇之间。原来是一个极为平常的汉族聚居村庄，近年来因吴忠市依靠当地雄厚的自然资源，在这里建立起规模宏伟的工业园区，使得太阳山的声名骤然显赫起来。

“太阳山”是一个很古老的地名。关于这个地名的由来，有两种说法，一种是民间的神话传说，另一种是由“炭窑山”的谐音演变而来。

民间传说中，太阳山的山底下压着一颗火热的太阳。要不然，山下涌出的泉水怎么能变成热的呢？是谁能把一个太阳压在了山下？就是曾经将他的妹妹三圣母压在华山之下的二郎神杨戬。相传，杨戬的母亲原是天宫里的一位仙女，她为了追求真挚的爱情，冒险私自下凡，与凡人婚配，生下了儿子杨戬。她的这种举动违犯了天条律令，被天宫察觉以后，玉皇大帝就派大力神将她抓了起来，压在桃山下面长期囚禁。

杨戬得神人相助，长大以后成了一位武功盖世、力能担山的英雄。他后来能够把齐天大圣孙悟空打得无路可走，就足以证明他的武功了得。

话说二郎神杨戬长大后得知自己的母亲被压在桃山下受苦，便决心要去救出母亲。他跨过千山万水来到桃山，打败了看守桃山的天兵天将和许多助纣为虐的精灵鬼怪，抡起擎天巨斧，一斧子将桃山劈为两半，救出了他日夜思念的母亲，母子终于得以团圆。有一部古典神话剧《劈桃山》，讲的就是这个故事。

但是，天公却不作美，当时，天有九日，晒得地面枯焦，山崩地裂。杨戬的母亲多年在桃山底下阴凉惯了，哪能受得了如此强烈的暴晒，只恨无缝可钻。杨戬是个大孝子，他本想救出母亲让她安享富贵，安度晚年，谁知母亲却受不了九个太阳之苦，于是，他决定用大山压住几个太阳，降低地面的温度。这就出现了“二郎神担山赶太阳”的传说。

杨戬用一条扁担挑起两座山，每天起来“担山赶太阳”，赶上一个，就用山压住一个，直到压住 8 个太阳为止。其中有一个太阳，就压在我们今天所说的太阳山下。从此，这里的地名就被叫作“太阳山”。山底下的石头也被压住的太阳烤糊了，变成了煤炭；山底下的水也被压住的太阳烧热了，变成了温泉……

太阳山地名由来的另一种说法，是由“炭窑山”的谐音演变而来。太阳山地下煤炭资源丰富，而且埋藏较浅，易于开采，早在清以前，这里的山坡上就有人工开挖的小煤窑出现了。当地人习惯称“煤”为“炭”，于是就将有煤窑的山叫作“炭窑山”。按照当地人语音，“炭窑山”和“太阳山”语音近似，互为谐音，久而久之，“炭窑山”就被叫成了“太阳山”。加上人们都觉得“太阳山”这个地名，无论是从音还是从义，都比“炭窑山”要好得多，所以人们就逐渐将“炭窑山”的地名淡忘了，只留下了“太阳山”这个美丽的地名。

清光绪五年（1879）成书的《平远县志》（平远县即今同心县）记载：“炭窑山，今呼太阳山。在韦州北，距县七十里。”

民国《盐池县志》也记载：“太阳山，一名炭窑山。在韦州北，距（盐池）县（城）二百里。”

以上记载都说明，太阳山原本是叫作“炭窑山”的，后来根据当地人的谐音而演变成了“太阳山”。这种说法既有历史根据，又有一定的科学道理，所以是比较可信的，也是可以肯定的。

总之，太阳山这个地名很好，很美丽，很动听。记得20世纪50年代，小学二年级语文课本里有篇叫《太阳山》的课文。说的是有兄弟俩，哥哥好吃懒做，但日子过得很富裕。弟弟勤劳善良，他每天上山砍柴，再将柴担到市上去卖，怎奈米贵柴贱，他的日子一直过得很清苦。有一天，弟弟正在山里打柴，突然飞来了一只美丽的凤凰落在跟前，对他说：“小伙子，你很勤劳，也很辛苦，却是常年不得温饱。距这里很远的地方，有一座太阳山，山上布满了珍宝异石。我带着你去捡一些回来，就可以过上富裕的日子了。”弟弟很高兴，他骑到凤凰的背上，不久就飞到了太阳山。下来一看满山的珍珠宝石，金光灿灿，十分耀眼。但弟弟只捡了两块，就要回家，凤凰问他为什么不多拿一些，他说：“太阳山的宝物虽多，但世上的穷人更多，我少拿一点，其余的留给更多的穷人来拿吧。”凤凰称赞地点点头，又把弟弟驮回了他的家乡。

哥哥看到弟弟突然有了钱，阔了起来，觉得纳闷，来向弟弟询问，弟弟便将去太阳山探宝的事据实相告。哥哥听了以后，心中马上有了主意。他也换了一身破旧的衣衫，装扮成一个穷苦的樵夫，也上山砍柴。果然那

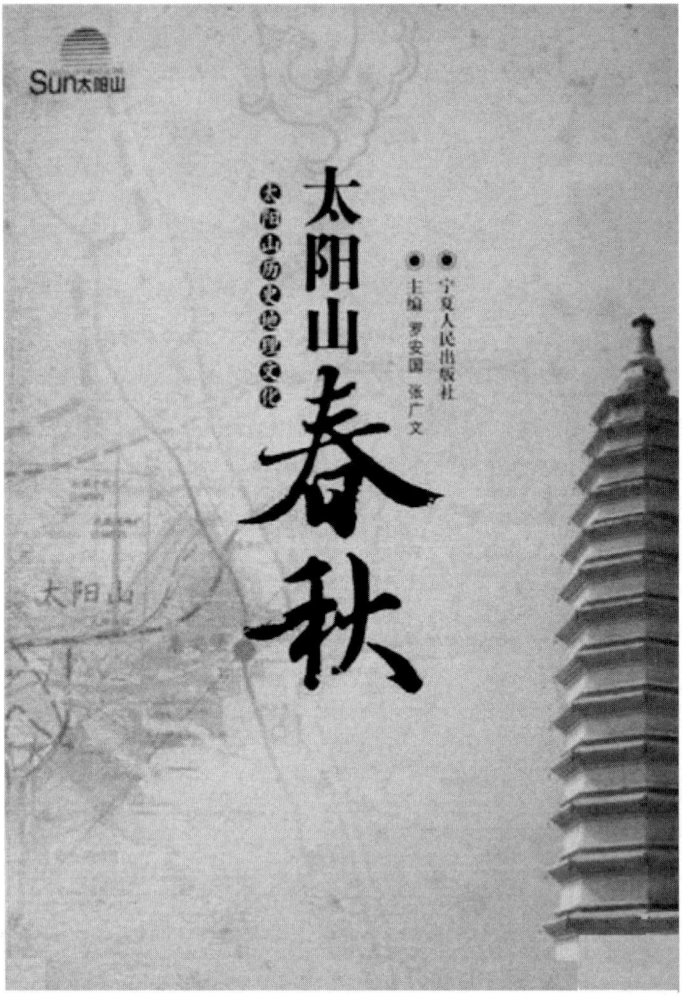

只美丽的凤凰又飞来了，也把哥哥驮到了太阳山。哥哥下来一看，满山的宝石能绊倒人，急忙撑开他事先准备好的大麻袋，躬腰就捡。当他捡到半麻袋的时候，凤凰催促道：“我们该走了，因为太阳快要回来了。等他一回来，我们就会被他烧焦的。”但哥哥说麻袋还没捡满，坚持不肯离开。又过了一会儿，哥哥的大麻袋已经装满了宝石，凤凰又催他快走，但哥哥还是赖着不肯离开，腾出手还要再捡几块，往怀里揣。凤凰没办法只好自己先飞走了。就在这时，太阳山上突然光焰万丈，热气冲天，太阳回来了，贪心的哥哥终于被烧焦在太阳山上。

我们今天所在的太阳山，也是一座宝山。这里有丰富的煤炭资源和建筑石材资源，是能源工业建设的理想场地。这里满山遍野的珍宝，正等待着勤劳朴实的人们前来开采挖掘。一个新的太阳山，正在崛起。同时历史也在考验着每一个到这里来淘金的人。

地名故事

闲话吴忠

作为地级市的称谓“吴忠”，人们都知道这是一个以人名命名的地名。然而吴忠是何许人也？又很少有人能说出所以然来，于是就有了种种推测。

一是“大将军”说。有人说吴忠是个大将军，开拓吴忠一地有功，故以其名作为地名。这一说法不足为信。因为不仅史无记载，而且遍查历代名臣良将，也没有这么一个叫吴忠的名人。

二是“大商人”说。有人说吴忠是个商人，在当地商业兴起中颇有建树，故以其名为地名。这种说法同样不足为信。除了史书没有记载之外，吴忠这个地名出现是在明代，那是个以农耕文化为主的时代，商业在社会经济生活中的地位远不及农业，若要给地方命名，也只能是用一个对农业开发有突出贡献的人名，哪有用一个商人的姓名来命名的？

三是“屯长”说。吴忠这个人既不是大将军，也不是大商人，只不过是一个屯长。唯有这一说法有史料依据。《明史·宁政传》记载：“宁夏堡寨，以人名命地名……限以其屯长姓名命堡，若叶升、李俊、张政、吴忠之类是也。”这一史料记载，说明“吴忠”是“以其屯长姓名命堡”应是确定无疑的。

那么，这个姓名被命名为堡寨的屯长，应该是个什么样的人呢？这需要我们通过当时的历史背景来考察。

叶升、李俊、张政、吴忠之类的堡寨名称出现于明代。事情是这样的：朱元璋推翻元朝统治创建明王朝之初，宁夏一带残元的势力还比较强大，明王朝一时尚无力平定，出于军事上的考虑，将原居于宁夏的居民全部迁至陕西。明庆靖王朱㮵所修《宁夏志》“沿革”篇中言道：“洪武五年（1372）诏弃其地，徙其民于陕西。”确切地说明是在这一年朝廷下诏书将宁夏一带的人口内迁。后来明王朝消灭了残元势力，又将内地人口迁来宁夏开垦，修筑成了许多堡寨供移民居住。同在《宁夏志》“沿革”篇载：“至洪武九年（1376），复命长兴侯耿炳文弟耿忠为宁夏卫指挥，率谪戍之人及延安、庆阳骑士立宁夏卫，缮城郭以守之。”并将内地谪戍的军人和官吏迁来宁夏充实地方。清《银川小志》中记载这件事“实以齐、晋、燕、赵、周、楚之民，而吴、越居多”。当时，修筑起众多的堡寨供此移民屯守居住。据《明会典》记载，明代在宁夏屯兵7万，仅宁夏平原驻军的堡寨就有156个。

20世纪70年代吴忠城市一角

当时给这些屯守的堡寨命名有三种形式。

一是以事命名。如镇北堡、镇虏堡（今称镇罗堡，属宁夏中卫）、镇夷堡（今属宁夏永宁）、平羌堡（今称平吉堡）等，这些称谓带有明显的民族敌对色彩。

二是以地命名。如渠口堡（今属宁夏中宁）、金积堡（今属宁夏吴忠）、河西堡（今属宁夏永宁）等，这些堡寨的命名，皆以其所在或邻近位置的地名或物名来命名。

三是以人命名。如前所述，即以屯长之姓名命名。屯长，又称“百户长”，每个堡寨大概居住百十来户人家，由一个官吏来管理。因屯长只是管理百十来户人家的“百户长”，所以这个官并不大，用今天的话来说也就相当于村委会主任。

但在明朝，这些“屯长”并非仅是个“村长”，而且还应是分管镇守一地的军事长官，属于军政合一编制。其屯长身份往往只不过是个兼职，其本人另有官职。如永宁县王太堡，实为王泰堡。王泰其人在《嘉靖宁夏新志》“忠孝节义”篇中记载：“宁夏左屯卫指挥，升都指挥，弘治十四年，河东领兵与贼战，兵寡不敌，殁于阵。”又载：“宁夏左屯卫指挥使，以军功升都指挥佥事。殁于阵。”又如永宁杨和堡（民国时期改为养和堡），同在《嘉靖宁夏新志》中记载，杨和其人“甘肃庆阳人，嘉靖七年宁夏参将”。

其他如李俊、李祥、周臣、李纲等用作堡寨命名之人，均有记载，且都是级别较高的人物，这里就不一一详述了。至于“吴忠”是哪里人氏，其经历如何？因史无记载，所以不知其详。但从有据可查的堡寨命名人物可以推定，这个“吴忠”也应是和上述差不多级别的人物。

“吴忠”作为地名出现于明朝。具体是哪一年？又有不同说法。

一说是1368年。但此说之不可信一目了然：1368年是洪武元年。那一年，明朝刚刚建立，朱元璋刚登皇帝位，灵州城在原址巍然屹立，这时，不可能在灵州原址上再建一个“吴忠堡”，而且也不可能是洪武末年（1398）建立的。因为古灵州城是洪武十七年（1384）才被洪水冲垮的。这时，正是黄河的“不安流”盛期，黄河改道频繁，故灵州城址尚处于不安全地带，不可能在这个不安全的地方再建一个堡寨。何况由当时人朱㮵写的宁夏最早的志书《宁夏志》中，就没有提到有吴忠这么个地名。

一说是1527年。此说的根据是《嘉靖宁夏新志》的一条记载，非常值得注意：灵州“领屯堡一十三：枣园堡、吴忠堡、惠安堡、汉伯堡、金积堡、中营堡、秦坝关”后有一行小字注解：“嘉靖六年，巡抚、都御史翟鹏奏筑者。”“嘉靖六年”是1527年。这一条记载有时间（嘉靖六年）、有人物（翟鹏）、有事件（奏筑），应当是可信的。但这里的疑问在于：这个小注，是对上述7个堡共注，还是只对“秦坝关”一地而注？如果是共注，则“吴忠”一地名的出现毋庸置疑也就是在这一年；若只对秦坝关一地注，说明吴忠堡修筑时间只能是在此之前了。这就是说，吴忠堡的出现最迟是在明嘉靖六年（1527），距今至少有480多年的历史。

明代所建吴忠堡因其系土筑，经不起岁月风雨的剥蚀，大约在清朝同治以前就已坍圮。同治末年，回民起义失败后，清政府于此重筑堡，这就是新中国成立初我们看到的样子。著名历史学家白寿彝先生于1937年在宁夏考察，他在当年8月3日的日记中写道："崇兴寨与吴忠堡俱同治年间所筑。灵武、金积为当时回人重要根据地，故乱后特筑此二寨于两县之间，以资震慑也。崇兴寨称右营，吴忠堡称左营，俱驻兵之所。"这既说明了筑堡寨的时间，又说明了筑堡寨的用意，所谓"右营""左营"者，皆董福祥所部。当时的董军号称"董字三营"，即中营、右营、左营。右营首领李双良驻崇兴寨，左营首领张俊驻吴忠堡，中营由董福祥亲自督率驻金积附近。同治兵燹后的吴忠堡，就是依托张俊的左营发展起来的。

据现存《清末民国吴忠堡略图》所载，清末吴忠堡，面积很小。其具体位置，在今天的街心公园以东、裕民西街以南、邮政局以北，呈正方形。大致范围是：北界裕民西路，南邻胜利西街，西靠西湖小区，东接街心公园。其西、南皆为湖泊所包围；东边，即现在的利通街，当时是一条渠，叫"迎门渠"，从秦渠中华桥侧引水，过吴忠堡东门（约在今街心公园）向北流去，可起到护城河的作用。20世纪初叶，因感交通之不便，便在今购物中心处的渠上架石桥一座，名"石桥子"。1943年，又将迎门渠填平，修成一条路，这便是利通街了，取其便利交通之意。

吴忠堡由一个百户人家的村寨演变为今天的地级大市，这又是一个怎样的沿革过程呢?

吴忠堡由于所处的水陆交通地理位置优越，商业发展较快，很快已是小有名气的水旱商埠码头。清《嘉庆灵州志迹》中记载："吴忠、忠营二堡集市各一处，每逢三、六、九日交易。"可见吴忠"三、六、九逢集"由来已久，延续至今。不过在灵州"领屯堡一十三"中，吴忠堡还不算最有名气的，因当时的金积堡名声远在吴忠堡之上。

吴忠堡声名鹊起是在清末至民国年间。民国年间，吴忠堡已是名贯西北，只是行政建制一直没能上去。清同治十一年（1872），金积堡已建置宁灵厅（相当于县级政权机构），但吴忠堡还是个乡镇级的集镇。直到民国三十四年（1945），宁夏省政府拟虚设吴忠市（县级）未果，但吴忠堡（时为吴忠镇）的政治、军事、经济、商贸、交通、通信等地位已与金积不相上下，甚至有过之而无不及。

吴忠行政建制地位的攀升是新中国成立以后的事。1950 年 1 月，将原属灵武县管辖的吴忠镇析出升置为县级吴忠市，直属宁夏省管辖。其行政区划是，将灵武县划归吴忠市的一市三区，以数字排序为四区 20 个乡。一区治在城镇（即吴忠堡），二区治在东塔寺，三区治在王家庙，四区治在上桥。如此一来，长期屈居灵武、金积之下的吴忠，终于有了和灵武、金积相同的县级地位。1954 年 4 月，宁夏省河东回族自治区成立，辖灵武、同心、金积三县和吴忠市，自治州治在吴忠堡。由于吴忠堡成为自治州的所在地，这就使得吴忠堡的地位高于了灵武、金积。同年，撤销宁夏省并入甘肃省，河东回族自治区隶属于甘肃省。1955 年 4 月，甘肃省河东回族自治区首届人民代表大会二次会议通过了一项决议，将河东回族自治区改称为吴忠回族自治州。

1958 年 10 月，宁夏回族自治区成立，吴忠回族自治州撤销，吴忠市（县级）、金积县、灵武县等均直属宁夏回族自治区。1960 年 9 月，金积县撤销，原所辖地区部分划入吴忠市，部分划入青铜峡县。1962 年吴忠县调整公社规模，将 6 个公社分组为 13 个公社，即红旗、古城、陈袁滩、东风、东塔、吴忠、板桥、金积、马莲渠、马家湖、高闸、汉渠、秦渠，形成了延续至今的辖区行政建制格局。1963 年 6 月，吴忠市撤市改县，改称为吴忠县。1972 年，银南地区成立，辖吴忠、灵武、盐池、青铜峡、中宁、中卫、同心 7 县，治在吴忠。于是吴忠再次升为地级行政所在地。1984 年 1 月，吴忠县撤县设市，置为隶属银南地区的县级市。

1998 年，银南地区撤销设为吴忠市。原县级吴忠市撤市改区，名为利通区。由此，“吴忠”以一个地级大市之称而名动天下，载入史册。2002 年，自治区调整行政区划，将灵武县（时已为县级灵武市）划归银川市。

水韵吴忠

2004年，自治区党委、政府作出设置太阳山开发区的决策。同年，中卫设地级市，将中卫、中宁两县划归中卫市。2009年10月，国务院批复设立吴忠市红寺堡区，以吴忠市红寺堡镇、太阳山镇、大河乡、南川乡的行政区域为红寺堡区的行政区域，红寺堡区人民政府驻地为红寺堡。至此，吴忠市形成辖两区（利通区、红寺堡区）、两县（盐池县、同心县）、一市（青铜峡市）的格局，以崭新的面貌走向明天。

康熙访吴忠（吴吃堡地名的由来）

相传，清朝康熙皇帝求贤若渴，为把国家治理得更好，他想走遍天下，访能贤之士为朝廷效力。这一天，他没有惊动宫里任何人，便悄悄溜出紫禁城微服私访去了。

他走啊走，一路千辛万苦来到灵州城，此时正值中午，见城中有一壮汉在一空场支摊搞抵牛比赛（民间一种单腿斗力的体育比赛）。规则是：由摊主一方出三人，围观者自发出三人，一方有两人赢算赢，另一方有两人输算输，输方给赢方三十两银子，其中有谁给不了钱可给赢方白干四个月活儿顶账。原来，这是一财主为白使唤人设下的局。

康熙不知深浅，一路盘缠早已用尽，他自恃武功高强，想赢几两银子当饭钱，便在围观的人群里选两个小伙子参加比赛，可是选谁谁也不敢应战，怕输了没银子赔，康熙对选中的两个小伙子说："赢了，我们仨每人赢十两银子，输了，与两位无关，我一人顶着。"终于有两个小伙子答应出马，他俩想：赢了更好，万一输了，反正有人顶着。

比赛开始。先由康熙出战和对方壮汉进行第一场抵牛。那壮汉虽壮，但他哪里是康熙的对手，只见康熙将右腿盘到左腿膝盖，左手抓住右脚背略施轻功，跃起半人高，然后猛然落下只脚一压就把壮汉压了一个狗吃屎，第一回合壮汉输了；第二回合，康熙这次将左腿膝盖突然插入对方盘下，脚一抬，又把大汉顶了仰绊子（仰面朝天）；第三回合，康熙跃起，来了个急转身，一屁股坐在壮汉盘起的左腿上，压得他躺在地上，康熙稳稳坐在壮汉的小肚子上，壮汉全输，康熙赢了。

第二个、第三个一对一情况就不一样了，康熙方的那两个小伙子都输了，毕竟对方是专业的。按规则，二对一，康熙方输，可康熙哪有钱付给人家，无奈之下，只好先答应去给财主白干一年活。

就在财主收摊子准备带上康熙走人时，一个年轻人站出来说："先慢走！我也想和你们比个输赢。"那财主一看，原来是一个很单瘦的小伙子，心想，正好缺人干活儿，先赢了这个不知深浅的冒日鬼（冒失鬼）再走也不迟，便说："行！行！行！你选两个人。"那瘦青年指着康熙说："我选这个人，另外再选一个。"康熙一看，把他拉住说："算了，小伙子，你又瘦又小，肯定输。"年轻人把康熙拉到一旁说："先生，我看你也不是一般人，这财主常用这损招哄得白使人呢，现在你只要听我的，我保证能赢。"康熙说："你咋赢呢？"青年人说："你别管，待会儿比赛开了，我先和那个壮汉比，肯定输，你是我们这里面最强的，和他们第二个比，自然你赢，我带来的这个小伙子人很攒劲，和他们第三个弱一点的人比，到时你就知道了。"康熙一听也觉得有点道理，点头答应。

比赛开始，青年人先和壮汉比，比输了。康熙和他们那边第二个人比肯定是赢了，这边第三个攒劲小伙子和那边第三个弱一点的人比，结果险胜，二对一，财主输了，此时全场一片欢呼。康熙也很高兴，他觉得刚才这小伙子真一能人也，准备问他话时，却不见了人影，一打听，才知道此人家住吴忠堡，是当地最聪明的人，名叫尔卜杜。

康熙出门千辛万苦，为的就是访贤，怎能让能人走了呢，所以拔腿就往前撵，一撵撵到吴忠时，就再也走不动了，肚子也饿得贴到后腰上了。他先来到一家馆子，随便让店小二点了个饭菜：上的是一盘炒菠菜，一碗小米干饭。康熙端起来就吃，一吃：“哎呀，这饭菜咋这么香啊，我在皇宫里可从来没吃过这样的美味（人饿极了，吃什么都香）。”即唤店小二问：“刚才上来的菜叫什么?”店小二笑了笑，说：“先生，此菜因为根是红的，叶是绿的，所以，菜名叫红嘴绿鹦哥。”“那饭呢?”“噢！饭叫黄米摞金山!”“啊！原来是红嘴绿鹦哥和皇米摞金山呀（他把黄米听成皇米了），名字好听，饭更香，吴忠堡简直就是吴吃堡!”吃罢，康熙访着尔卜杜带他回北京就不提了。

后来，人们知道那人是康熙皇帝，因为吴吃堡是真龙天子说出来的，所以，从那以后就把吴忠堡叫成吴吃堡了，一直到现在还有一些老年人都不改口。

再后来，听说康熙皇帝从吴吃堡回到皇宫后，山珍海味都觉得不如吴吃堡街上的“红嘴绿鹦哥，皇米摞金山好吃”。

金积堡旧事

金积堡，今为宁夏吴忠市利通区金积镇，位于吴忠市区西南8千米处，银（川）平（凉）公路西侧，吴（忠）青（铜峡）公路和金（积）廖（桥）公路交会处，秦坝关黄河渡口南岸。

金积镇今虽只是吴忠市利通区所辖的一个乡级镇，但在历史上，其城堡规模、行政建制、军事地位、经济商贸繁华程度等各个方面的知名度，都远在当时的吴忠堡之上，是闻名遐迩的西北重镇。

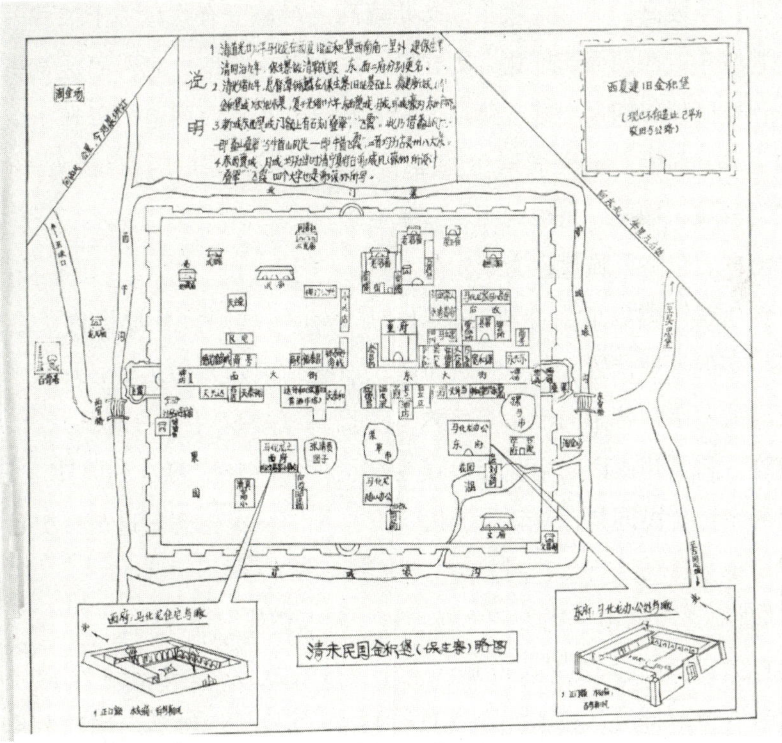

清末民国金积堡略图（《吴忠市地名志》）

金积堡明代属灵州千户所十三屯堡之一，其城堡始建于何时已无可考。1987 年编印的《吴忠市地名志》一书的“历史建制沿革”篇中说：“西夏还大筑堡寨，‘安置百姓，守土有责’。在吴忠境内的金积堡似为当时所筑。”按这种说法，金积堡古城堡已有近千年的历史。金积堡在元代属灵州，明代属灵州守御千户所，后改属宁夏后卫（卫所在今宁夏盐池），清初仍属宁夏后卫，雍正三年（1725）改属灵州。

金积堡之得名众说不一，一说以所依金积山（今牛首山）而得，一说以其境黄河淤积土地肥沃，犹如“积沙孕金”而得。

原金积堡因系土筑城堡，至清同治年间，原城堡已崩圮坍塌无状而废弃。同治九年（1870），即对在战争中严重损坏的金积堡城堡的旧址进行了修残补缺，并将战争中流离的百姓招徕回乡在此安置。当时保生寨大概情形是：城墙高二丈二尺八寸，女儿墙高三尺，上有垛口一千二百一十一个。其城东、西两面墙址宽一丈五尺，顶宽七尺，南、北两面址宽一丈六尺，顶宽则仅三四尺不等，薄不可言。城仅开东、西两道门以通出入。两道门也非常简陋，上梁横架在上面，木梁上再夯土压盖，形成方形门洞。瓮城、月城、城楼、角楼均无。“保生寨”这一称谓流传并不广泛，人们由于习惯，仍将此城堡称为金积堡。

保生寨“但以地当冲要，羌回杂居，州治远隔，有鞭长莫及之虞”，因保生寨的地理位置十分重要，而离州治（指灵州）较远，管理起来鞭长莫及。故左宗棠特于同治十一年六月丁巳日（1872 年 7 月 9 日），上奏朝廷准许，将灵州西南之半壁分出设为宁灵厅，并将宁夏水利同知（官名）改设为宁灵抚民同知，并新设灵武营参将，同驻保生寨。这是有史可查金积堡历史上最高的行政建制。

“郡县之有城池，犹人身之有衣冠，所以资保卫而壮观瞻也。”（《光绪宁灵厅志》）古代的郡县都有城池。宁灵厅设立以后，没有一个像样的城池，有点说不过去。光绪九年（1883），陕甘总督谭钟麟向朝廷上奏，为宁灵厅所在之保生寨原址建一新城，规模仍如原堡。朝廷准奏，但因所需款项无从筹措，建新城之议遂被搁浅。光绪二十六年（1900），宁灵厅同知洪翼、参将侯明俊再次向朝廷奏请筑城之事，得到了准许。但当时正是两宫（慈禧太后和光绪皇帝）西逃西安的时候，朝廷无力拨帑银来修建地方的城池。由当地绅商岳廷献、毛大昌等人捐集一千两黄金，将东、西两道门及瓮城、月城重新进行了修筑。然而因筹款不多，很快就用完了，城楼、角楼仍然未能修葺。城上的女儿墙、城下的护城河，也多半圮裂，城墙上也多有倾塌之处，但均无力再修补了。

光绪三十四年（1908），宁灵厅同知成谦再次倡议捐款修葺城池，并选派灵武城守营千总颜荣耀、贡生岳廷献监工修葺。历时三个多月，修葺完工。然而这次修葺也只是择其重要处进行了修补，仍未进行彻底修缮。要说完善还是达不到。通过这次修葺，最大的改观是环城修了一道壕池作为护城河，引水充流护城河后，居然也不失为一雄堑。城堡东、西两门外的护城河上，各建官桥一座，以通往来，通往周围各堡。而周围的各堡寨最大的是忠营堡、秦坝堡，居民可达数十户。不过这些堡寨并非大的城堡，只有大户人家建起的家堡，即土围子。

民国二年（1913），执掌北京政权的袁世凯下令撤州置县，改宁灵厅为金积县。

清末至民国时期，离金积堡仅 10 余里之地的吴忠堡逐步兴起，至 20 世纪 40 年代，吴忠堡的人口与经济、商贸规模已可与金积县比肩。民国三十四年（1945），宁夏省政府拟虚设吴忠市（县级）未果。

1950 年 1 月 4 日，宁夏省人民政府设立吴忠市（县级），这时的吴忠堡才真正和金积堡有了同等的地位。

1954 年 4 月 22 日，宁夏省河东回族自治州成立，由于吴忠堡成为自治州的所在地，这就使得金积堡的政治地位已逊色于吴忠堡了。1960 年 9 月 5 日，金积县撤销，原所辖地区部分划归吴忠市，部分划归青铜峡县，金积堡所在的金积堡公社隶属于吴忠市。至此，金积堡一方领主的地位最终让位于吴忠堡，成为归属于吴忠堡的一个乡级集镇了。

金积堡当年曾闻名天下，不仅是因一个普通的土城堡能被设为县级建制机构长达 89 年（自 1872 年设宁灵厅至 1960 年撤销金积县建制）之久，还因金积堡曾走出两位名动天下的历史人物和一度闻名的商埠码头。

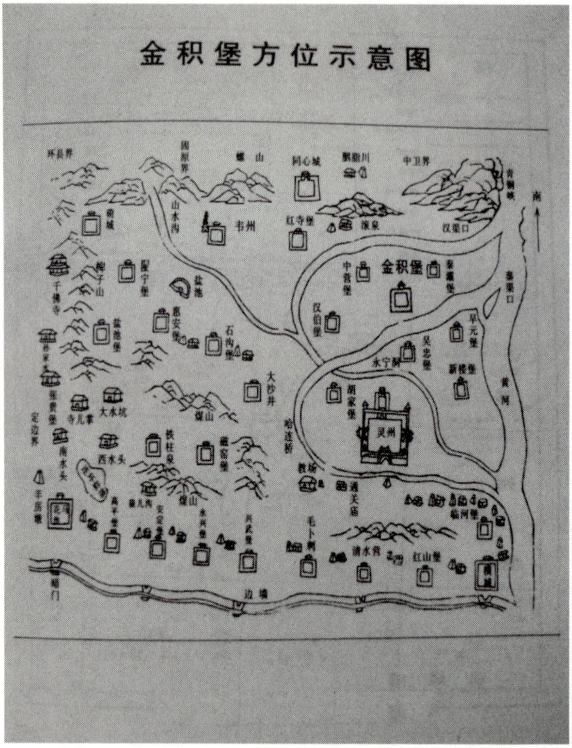

金积堡方位示意图
（《嘉庆灵州志迹》）

金积堡得以闻名遐迩，除了因“地以人传”，还有一个重要原因，就是在清末至民国年间，这里成为西北闻名的商埠重镇。

金积堡以其地处宁夏河东平原秦汉两渠的上游，是号称“塞北江南”的核心地段，既有交通大道南北贯穿，又有青铜峡渡口和秦坝关码头两处水运渡口之便，所以在清末至民国初年，随着民族工商业的发展，金积堡的商业很快地发展起来。金积堡城堡不大，只有东西二门和贯穿东西二里半的一条主街道，到了清末民国初年，这条街道两旁商号林立。街道北边坐北向南的商号由东向西数来，东大街有永兴东商号、宽和谦商号、万义成商号、义兴昌商号、源兴魁商号、同心魁商号，隔过董府还有泰昌魁商号，西大街接下来祥泰魁货栈、福泰昌商号、德茂隆商栈等；街道南边一进东门有骡马市，接下来坐南向北东大街的店铺有永兴世药店、义升当当铺、自立正药店、福成源商号、树德昌商号，西大街的店铺有庆泰和商号、达升和张寡妇黄酒作坊、天泰裕商号、天兴达药店等。逢二、五、八日金积堡集市，车水马龙熙熙攘攘，叫买叫卖热闹繁忙，其繁华程度，在当时远在15里外的另一商埠码头吴忠堡之上。

金积堡的这些商号的经营方式，基本上都是所谓的“四兼”，即兼东家、会计、采购、运输，苦心经营，竞相发展，资金周转快，商品运转灵活。经营的范围和项目，包括绸缎、布匹、百货、山货、海味、食品、药店、旅店、金银首饰以及糖、茶、水旱烟、粗老布、皮毛、小农具等。

金积堡的商号有晋商创办的，也有董府创办的，还有当地地主创办而聘请晋商做“领才”（即经理）的。初创时，货源多半从西安、兰州进货。由西安进货主要靠驼队运输，由兰州进货主要靠黄河顺流而下的水运。平绥（北平—绥远）铁路通车后，改从天津进货，几家大的商号开始在包头、归绥、天津等地设庄客，在吴忠堡、宁夏城等地设分店。由于金积堡商业兴隆，南来北往的客商络绎不绝，金积堡的名声也就越传越远，天下闻名了。

金积堡天下闻名，自然也就会有一些逸事趣闻，这里略举一二。

朱乱子　清光绪年间，金积堡有个被人称作“朱乱子”的退役军汉。这个“朱乱子”的真实姓名已没人能记起了，只知道他退役后是金积堡街上的一名无业流浪汉。这个“朱乱子”手头没钱花时，只要上董府走上一遭，不仅是董府的座上客，而且还能得到一些银两相赠。此人究竟闯过什么“乱子”，为何在董府这么有面子，可为什么又叫作“朱乱子”？说起来还有一段故事。

“朱乱子”是金积堡本乡本土人，同治年间“朱乱子”跟随董福祥当了甘军，并在甘军中混了个小头目。

光绪二十六年（1900），德、日、俄、法、英、美、奥、意八国联军入侵中国。清廷调董福祥部甘军进京护卫京师，慈禧太后又密召义和团拳民入京，想以义和团的力量保卫北京。一时，京城里到处都是义和团和甘军的人。6月11日，日本驻京公使馆馆员杉山彬在永定门外为董福祥甘军所杀，而这件事正是“朱乱子”领头干的。

因当时军民反洋人的情绪都很高，所以杀了日本使馆人员之后，“朱乱子”并不以为意，可董福祥心里清楚这是什么性质的问题。于是赶快把“朱乱子”找来说：“你这下可闯了天大的乱子。杀外国使馆人员，别说你的脑袋长不住了，连皇上都没法向外国人交代了。”朱乱子这才意识到事情的严重性，但还是挺了挺腔子说：“好汉做事好汉当，可把我交给外国人要杀要剐随便，不要让皇上为难。”董福祥说：“现在杀你十个也不顶用，还是逃命去吧。你赶快悄悄离开军队回家去。”就这样把“朱乱子”打发回了金积，以“下落不明”逃过了追究。随之董福祥也来到了金积堡，对这个老部下格外照顾。

金积保卫战 民国十七年（1928）西北大旱，饥民遍地。是年秋，当地土匪杨老二率众两千余人一路抢劫闯入无旱涝之虞的宁夏黄河平原，11月占了鱼米之乡的吴忠堡，抢劫商号五十多家，烧毁了吴忠堡的火神庙，并盘踞吴忠一带抢掠。杨老二占据张府（张俊府第），花天酒地挥霍享受。百姓编顺口溜描述当时情景：张府稳坐杨司令，八音盒子洋烟灯，糖茶盅子南点心，美女陪伴自鸣钟。

民国十八年（1929）1月，宁夏省成立，冯玉祥部下门致中当了宁夏省主席，派其部下沙明阳担任金积县县长。宁夏驻军很少，省长门致中对祸害地方的杨老二也无可奈何，派使者与杨老二谈判，打算收编他。但杨老二想独霸宁夏河东地区，答复说：“把灵州让给我驻防，摊粮、收款，你们不得干涉，我就收兵再不抢劫。”门致中不答应，杨老二干脆赖在吴忠堡不走。当时有童谣说：“杨老二，死没羞，睡在吴忠要灵州。”

金积县县长沙明阳，行伍出身。他看到金积堡距吴忠堡近在咫尺，金积城内商铺林立，杨老二在吴忠一带无处可抢掠时，必然会攻打金积堡。于是，沙明阳周密地作了守城部署。

金积城内没有驻军，只有几十名警察和城防队员，五十余条破枪。沙明阳组织全城青壮年、公职人员、学生教师编成班组，上城定点防守。备好沙袋、大木头压堵城门。金积城内有个富绅张清贵，是武进士出身，外号“不敢惹”，沙明阳遂任命其为城防司令，负责指挥调度守城兵民。恰好有十几名西军散兵携带快枪投宿金积城，沙明阳就让这十几人都留了下来，和金积兵民共同守城，西军散兵军士分别担任各城墙的指挥员。动员妇孺老弱给城防人员送茶送饭，搬运大批砖头、石块、木头等物堆积城头备用。金积堡的商号对守城防御最为支持，因为他们深知土匪抢劫看中的就是商号，所以不惜一切代价要保卫城堡不被攻破。商号各尽其力，粮商将库存的米面拿出来作为粮饷；衣行将库存的大衣发给守城军民夜间避寒；商号存储的大批洋铁皮桶装的煤油、成库存储的小麻纸（类似宣纸但较粗糙的小型纸张，为旧时使用最为广泛的一种纸张）、大包大包的棉花等物品，都搬上了城头备用。

4 月下旬，杨老二趁马仲英窜扰宁夏，社会秩序混乱，宁夏省城不能派兵来支援之际，在一个伸手不见五指的晚上，率匪众两千余人趁夜色包围了金积，四面攻城，杀声震野。沙明阳巧用智谋，命令在城垛上每隔几步挂一个上罩草帽的灯笼，将向上射的光线遮挡，城下看不见城上情况，利用灯光的反射把城下的情况看得一清二楚。匪众架起云梯强攻，城头上守城人员便用砖头、石块砸下，用小麻纸、棉花绑成火把，蘸上煤油点燃扔下。沙明阳还动员城中百姓将旧衣物、食用的香油也捐出来做火把。雨点般落下的砖石和火把，把攻到城下的匪徒搞得鬼哭狼嚎。沙明阳亲自和张清贵昼夜巡视指挥，不敢有丝毫的懈怠。查知城内有几家通匪之人，密令派人严加监视以防不测。发现有一李姓之人与城下匪兵交谈城内情况，张司令遂一刀将其劈于城下。

守城中的西军有个神枪手。某天下午，西军从城上看到城外附近的麦田里有一匪兵光天化日之下挟持侮辱妇女，这个神枪手气愤至极，举枪射击，土匪应声而倒，妇女得救。一天晚上，匪徒架云梯强登上城，为首者已骑在城墙上。千钧一发之际，数名守城青年奋力用肩推倒城垛，匪徒连人带云梯和城墙垛口一起倒于城下。

金积保卫战进行了三天三夜，土匪始终没能攻进城，最后只好悻悻而去。

保卫金积战斗中，沙明阳胆识过人，调度有方，在固守城池中发挥了重要作用。后来沙县长卸任他调，地方士绅挽留多日，金积堡的老百姓送他一把万民伞以示爱戴。

金积镇回乐人家小康村

富平三迁

打开中国地图，在陕西省中部、关中平原和陕北高原过渡地带，很容易找到富平县的位置。可是，富平县的前身并不在陕西，而是在今吴忠地区。2010 年 12 月 24 日，吴忠市举行纪念吴忠建城 2224 年剪彩揭碑仪式，说的正是富平县。

如今，富平县在宁夏地图上消失了，但在陕西地图上出现了，这是怎么一回事呢？原来，今天陕西地面上的富平县，就是从古代宁夏吴忠搬迁过去的富平县。

秦代开边大将蒙恬北伐匈奴后，于始皇帝三十三年（前214）在北地郡设置了宁夏北部最早的县——富平县（今宁夏吴忠）。

北魏郦道元在《水经注》中说：河水“又北过北地富平县西。河侧有两山相对，水出其间，即上河峡也，世谓之青山峡。”这里的“山”即今牛首山。上河峡、青山峡即今青铜峡。史学界通过对这一记载的认定，判断秦富平县就在今天吴忠金积镇附近。而富平县跑到了陕西地界，则是发生在东汉的“富平三迁”的事件。

汉承秦制，西汉北地郡下辖19县，其中宁夏境内有5县，即富平县、灵州、眴衍县、灵武县、廉县。武帝元鼎三年（前114），从北地郡析出安定郡、治高平县（今宁夏固原）。北地郡郡治初在马岭（今甘肃庆阳西北），东汉永初元年（107）由马岭移至富平县。

两汉时，富平县的战略地位仍然十分重要，它是汉朝防御匈奴侵扰关中以及中原的重要前沿阵地。汉武帝为加强北部边防，不仅在乌氏县瓦亭关、朝那县萧关重点驻防，同时还在富平县神泉障设北地都尉、浑怀障设浑怀都尉，以加强河防与边塞军政管理。县西边有典农城，设立典农都尉管理农垦。

王莽新政时，曾将北地郡改为威戎郡，富平县改为特武县。东汉初年又恢复北地郡富平县的称呼。

东汉时期，北地郡（郡治富平）是归顺东汉政府的羌族主要聚居地。这些羌人虽然人口不少，但政治地位低下。他们饱受地方官吏和劣绅的经济剥削和政治压迫，“积以愁怨”，不断发生骚乱。东汉永初元年（107），邓太后掌政时，决定把西域都护和屯田官兵撤回内地，便征发金城（今甘肃兰州西固城）等地的羌人随军掩护。被征羌人害怕远徙他乡，不能回家，走到酒泉附近，便大半逃散。朝廷令附近的郡县官吏发兵堵截，把沿途羌人的房屋全部放火烧毁。羌人被逼得走投无路，爆发了东汉时期羌族第一次大起义。

永初二年（108），羌族起义军首领滇零攻占了富平，并在此自称“天子”。羌族起义军不仅得到羌族人民的支持，也得到了汉族人民的支持，力量日益壮大，汉军屡战不利。边塞的大小官员难以抵御义军的强大进攻，恐为义军所害，加上又多是内地人，不愿在此守城，都纷纷向朝廷建议向内地迁移。

永初五年（111）三月，东汉政府才下诏将边塞四郡（北地、安定、上郡、陇西）迁往内地，其中，将北地郡迁往池阳（今陕西泾阳西北），北地郡治所富平也随之迁移。

元初四年（117）冬，汉将任尚、马贤与先零羌首领狼莫在富平进行了一场大规模的激战，两军相持六十余天，汉军大获全胜。

至元初五年（118），历时11年之久的东汉羌族第一次大起义才被东汉朝廷镇压下去。羌族第一次大起义失败后，东汉西北边地相对比较平静。但是，原来迁往内地的边塞四郡的官员仍不愿迁回原地，他们在“寄理”地拖延了8年。

永建四年（129）九月，尚书仆射虞诩上书汉顺帝，认为边塞四郡，沃野千里，水草丰美，土宜畜牧，水可溉漕，阻山带河，不可久弃，建议仍迁回原地。汉顺帝采纳了这一建议，陆续将四郡迁回原地，北地郡及其郡治富平就是在迁出18年后迁回原地的。朝廷派郭璜负责将散居在外的各郡居民，各还本县，修复城郭，整修废坏渠道，大兴屯垦，发展生产。永建五年（130）十月，汉顺帝亲临富平等地巡视，慰问戍边将士。

永和四年（139），在羌族第一次大起义结束4年之后，又爆发了羌族第二次大起义。东汉朝廷派马贤等人率军镇压，马贤与他的两个儿子在激战中阵亡，羌族义军屡屡获胜，乘胜攻打富平县，永和六年（141）十月，北地郡（治富平县）太守贺福与羌族对战不利，仓皇将富平县迁往冯翊（今陕西大荔），这一待就是46年。

汉桓帝延熹二年（159），羌族第二次大起义20年后，羌民又发动了第三次大起义。这次大起义涉及区域比前两次都广，不仅北地郡几被战火覆盖，而且还波及三辅和凉、并两州。

东汉朝廷先后起用段颎、皇甫规、张奂等人，分别用招抚与镇压的办法分化、讨伐起义军。段颎先后在灵武谷、泾阳、瓦亭山追杀羌族义军，血洗北地、安定。羌民的第三次大起义被镇压下去。北地郡及其郡治富平县迁返原地又被重新提到了议事日程。

汉灵帝中平二年（185），朝廷准备将富平县从侨居地冯翊迁回原址。但是，仅移到彭原县界便停下来了。因为这时已是东汉末年，朝政衰败，群雄割据，义军蜂起，边塞也难以安定。西晋时只好将富平县迁至陕西怀德，自此，富平再也没有迁回来，陕西怀德也将其名改为富平，并一直沿用至今。

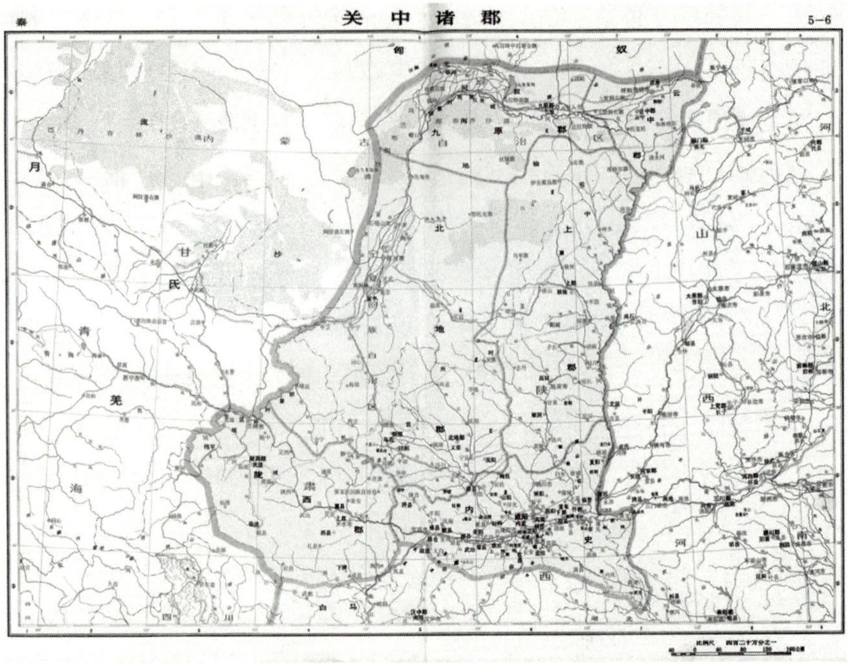

关中诸郡

灵州：宁夏吴忠的骄傲

塞上古城灵州是中原王朝在西北防线上的重要军事据点，相当一个时期内，尤其是唐宋时期，作为西北的政治、经济、军事、文化中心，在西北很少有其他地方可与之比肩。“朔方雄镇”灵州，其重要性、知名度，在中国历史上占有重要的一页。

灵州是北方重要的农牧基地。

灵州坐落在黄河主流和东“枝津”不断淤积形成的冲积平原上，自然条件优越，土地肥沃，农牧皆宜。北宋人何亮曾说过，灵州“地方千里，表里山河，水深土厚，草木茂盛，真农耕之地”。

灵州农牧业的发达有赖于历代政府的两大举措：一个是兴修水利，另一个是移民屯垦。

秦代蒙恬北伐匈奴，收复“河南地”，在这里筑城设障建县，屯垦戍边，兴修水利，揭开了开发灵州的序幕。至两汉时期，这里已是“沃野千里，谷稼殷积，因渠以灌，水舂河漕，用功省少，而军粮饶足”的“天下粮仓”（《后汉书·西羌传》）。以后，各代均十分重视引黄开发，把兴修水利作为治理灵州的重要措施。

吕氏夫人墓志铭

北魏太平真君五年（444），刁雍出任薄骨律镇将，主持修浚了灵州废坏的渠道，新建拦河坝，以解决引水困难。太和十二年（488），北魏孝文帝亲自下令，在薄骨律镇等地开挖渠道，大力发展水田。

唐代灵州，是西北最重要的战略要地，由于军事需要，当政者对灵州的水利兴修、农业生产十分关注。唐初，修复了汉渠、胡渠、御史渠、百家渠、光禄渠、特进渠等十几条渠系，可灌良田 5 万多顷。元和十五年（820）元月，唐宪宗以李听为灵州大都督府长史兼灵盐节度使，李听将境内的汉伯渠（古光禄渠）加以重修疏浚，溉田千余顷，“后人称便”。长庆四年（824），朝廷诏令疏通回乐县特进渠，“灌田六万顷”。兴修水利，发展农业，有力地保证了军粮供给。天授元年（690），灵州总管娄师德为灵州、夏州两地督导营田事，专门从事军粮生产，粮食产量相当可观，“积谷数百万”“不烦和籴之费，无费转输之艰，两军（灵、夏）及北镇兵，数年咸得支给”（《旧唐书》卷92），武则天通令嘉奖。

五代时期，兴修水利，大力屯田，仍是当政者的第一要务。

宋和西夏时期，当政者都十分重视兴修水利。《宋史》卷86记载：兴、灵、甘、凉诸州“地饶五谷，尤宜稻麦”“甘凉之间，则以诸河为溉；兴、灵州有古渠，曰唐徕，曰汉延，皆支引黄河，故灌溉之利，岁无旱涝之虞”。咸平五年（1002），西夏李继迁攻占灵州后，七级、特进、艾山、御史、光禄等大渠大都尚在，李继迁命人疏通了兴、灵、盐三州渠系，并筑黄河堤坝，引水灌田，同时组织部众屯垦造田，发展农业。

隋唐古墓葬群

元、明时期，最值得称道的是河东兵备道张九德在灵州治水之事。他主持疏通沟渠30余万里，泄秦汉渠尾水入河，并以船只运石筑成长6000余丈的黄河堤，防止洪水泛滥，主持筑成长400余丈的秦渠石砌渠堤，人称“张公堤”。这都是宁夏水利史上值得大书特书的事。

在和灵州有关的古代诗文中，有三分之一和水利有关，这说明历代灵州当政者无不对水利十分重视。

移民屯垦在灵州农牧业发展史上占有重要的一页。灵州地处边陲，地广人稀，移民提供了充足的劳动力，成为发展农牧业的重要支柱。

灵州屯垦，既有民屯，又有军屯。民屯以移民为主。灵州移民屯垦，从秦朝就已开始，秦始皇派蒙恬收复“河南地”后，采取移民实边政策，“迁北河、榆中（今内蒙古河套及鄂尔多斯东部高原）三万家”，即从内地移民三万户于河套地区。还从内地调来大批罪犯，一边屯垦，一边戍边。这些移民有很大一部分就安置在灵州地区。此后，历代不断。

移民屯垦灵州的第一个高峰在汉代。灵州是汉朝与匈奴反复争夺的地区，出于军事需要，汉朝多次移民实边。汉文帝时采纳晁错的建议，招募居民“徙塞下屯耕，以省边塞军粮转输之劳”（《资治通鉴》卷15）。元狩三年（前120），汉武帝派卫青收复“河南地”后，将山东70余万户迁到包括灵州在内的“新秦中”，组织他们屯垦生产。武帝还采纳主父偃的建议，设朔方郡（郡治原在今内蒙古乌拉特前旗，后迁至灵州），“募民徙者十万口，从事屯垦，以省转输”。移民屯垦从西汉一直持续到东汉。

移民屯垦灵州的第二个高峰在南北朝。北朝各国无不重视灵州的治理开发。北魏时，曾将函谷关以东，今山东、河南等地的汉人迁徙到薄骨律镇（灵州）屯田生产。北周灭陈后，为了充实人口，不远万里，将陈国江南江北、淮南3万余居民迁到灵州，这批“江左之人，崇礼好学，习俗相化”，竟使“本杂羌戎之俗”的灵州，风尚为之大变，“塞上江南”的美誉由此而来。

移民屯垦灵州的第三个高峰在唐代。唐代灵州不但是粮食生产基地，而且也是粮食转运集散地。《太平广记》卷485记载：“岁屯田，实边食，余粟转输灵州，漕下黄河，入太原仓，备关中凶年。”唐朝政府还采取一系列措施鼓励移民屯田，尽管如此，灵州等地仍有一些可耕之地荒芜，以至户部尚书王起奏请在灵州等地专设营田官，督办屯田事务。唐武宗的做法更是与众不同，他将天下“愤非巨蠹”的死囚犯及其家属流放到灵州等地，借给耕牛、农具，组织他们屯垦生产，真可谓化害为利，一举多得。

移民屯垦灵州，史载不绝。《元史·世祖本记》记载，至元二十一年（1284），元朝将内蒙古境内的塔塔里千户所958户迁徙到中兴、灵州等地屯田；《嘉靖宁夏新志》记载，明洪武十七年（1384），灵州城北迁，原灵州故城所在地人口大减，明政府“编集原遗士民及他郡工役，民之亡归者”，及其他地方的移民1000户安置在灵州的千户所管辖下瓦渠、枣园、苜蓿、板桥等地，大量垦田。这里还不包括安置降附归顺的少数民族。

军屯也是开发灵州的主力军。汉代，军屯就已成为戍边的重要举措。汉武帝采取移民实边政策的同时，还组织60万士兵在北地郡屯田。汉宣帝元康四年（前62），平定西羌起义后，组织“步卒万人在北边数郡屯田”，自然也包括灵州在内。唐宋时期，灵州作为军事重镇，驻有大量军卒，这些军卒都带有军屯的性质。唐设节度使，最初主要是管理军务，但由于形势需要，大部分节度使兼任了屯田使、营田使的职务，便于管理军屯，灵州的节度使也不例外。

这种军屯，发展到明代，最具特色。明初，在宁夏大兴军屯，又“徙五方之人实之”，军屯和民屯同步发展，戍卒中从事屯田者称为屯军，每人耕种50亩，生产粮食全部上交。明代在宁夏北部不设府、州、县，而设宁夏总镇，辖七卫，每卫各有五个千户所，卫所之下，又设屯堡和烽堠，卫、所、屯、堡是军政合一、屯防兼备的建制。卫所军队，七分屯田，三分军事，平时训练和屯田相结合，战时统一调度，战后仍回原卫所屯田。洪武十六年（1383）十月，设灵州河口守御千户所。宣德三年（1428），将灵州河口守御千户所改为灵州千户所，专司军屯事务。至万历十四年（1586），宁夏镇屯田数高达18825顷。屯垦开发，使灵州地区成为名副其实的“塞上江南”，呈现出“田开沃野千渠润，屯列平原百井稠”“远征人家四路连，风光谁信是穷边”的江南风光。

畜牧业在灵州经济发展中也占有举足轻重的地位。灵州的畜牧业以官牧为主，其高峰主要在汉、唐两代。汉景帝在西北各郡设有6个牧马苑，下辖36所养马场，养马30万匹，其中河奇苑和号非苑两个牧马苑就在灵州，养马10余万匹。汉武帝北伐匈奴时，其中很多军马就来自灵州地区。东汉灵帝护羌校尉段颎镇压羌族起义后，一次就从这里俘获家畜42700余头。唐代灵州畜牧业的发展，一个重要的原因是出于政府军事上的需要，平定“安史之乱”时，灵州承担了近万匹战马的庞大军事供应。

经过历代经营，使灵州成为北方重要的农牧基地。

灵州，是中原与西北的接壤点，自古以来就是“关中之屏蔽，河陇之襟喉”，战略地位十分重要。

对西北游牧民族而言，“灵邑，汉时界匈奴，唐时北临突厥，后又接近吐蕃，宋则陷入西夏，为戎马冲践之地”（清《灵州志》卷一）。灵州，是他们梦寐以求的秣马厉兵之地，是他们南下进入关中平原腹地的必经之路。

对中原王朝来说，他们北抗外族侵略，都以灵州为前沿阵地。灵州是中原王朝拓境斥地维护政权的“西陲巨屏”。唐朝李吉甫《元和郡县图志》说，灵州“捍御北方，士马强盛，甲于诸镇”。

所以，自古以来，灵州就是兵家必争之地，是中原王朝与周边游牧民族争夺的焦点。

秦汉时期，灵州就是抵御匈奴的前哨。西汉卫青北击匈奴，就是以灵州为根据地的。此后，北魏分裂成西魏、东魏，灵州成为双方争夺的焦点。南北朝北方各国都十分重视对灵州的控制经营。隋开皇三年（583）和开皇九年（589），突厥先后两次大举南下扰掠，隋军均从灵州道出击，大获全胜。唐太宗李世民为抵御突厥采取多种措施，加强灵州的军事地位。贞观十五年（641），增兵四万，骑五千，驻军灵州，严阵以待。贞观十九年（645），又发盐、庆、原等五州兵马加强灵州防守。第二年，李世民御驾亲征，坐镇灵州，一举将骁勇善战的突厥人打败。唐玄宗开元九年（721），唐设朔方节度使，治所灵州，至德元年（756），升为大都都府。朔方节度使是唐朝十大节度使中实力最强、权力最重、管辖范围最大的节度使，有兵64708人，马14300匹。“天下劲兵，聚于朔方”，“安史之乱”爆发后，太子李亨将这里作为登基、平叛的中兴之地。8世纪中叶到9世纪中叶，唐王朝与吐蕃进行了一场长达一个世纪的灵州争夺战，双方时战时和，直到长庆元年（821）“长庆会盟”，双方的灵州之争才告一段落。北宋初年，宋军和党项族李继迁先后数次争夺灵州，战争之激烈、投入兵力之多、双方重视程度之高，在灵州战争史上极为罕见。灵州的得失，对宋、西夏双方都产生了十分重要的影响。李继迁攻占灵州后，以灵州为根本，成就了建立夏国的伟业。西夏此举，不仅截断了吐蕃诸部与宋进行茶马贸易的通道，而且使宋失去了灵州这个西北边陲的重要屏障，打开了宋王朝的西北大门。宋王朝也曾数次调兵收复灵州，但在党项族的顽强抵抗下，收复之策，终成泡影。从此，宋王朝在西北边境又多了一个虎视眈眈的敌国，加速了自身的灭亡。1226年冬，成吉思汗先后血战6次才攻陷灵州，灵州的陷落，宣告了西夏的灭亡。明代，为抵御蒙古鞑靼、瓦剌等部的侵略，在宁夏北方地区不设府、州、县，而设宁夏镇为九边重镇之一，统领卫、所、堡、寨，形成了一套独具特色的军事防御体系，灵州千户所是全国最早设置的65个千户所之一，灵州长期作为千户所的治所，其重要性不言而喻。此外，这里还发生过东汉末年的羌族三次大起义、隋末的白瑜娄起义、清末马化龙反清抗暴起义，等等。

一部灵州史，既是开发史，又是战争史。

灵州，东通盐州、庆州，南达关中，西通西域，北连沙漠，交通四通八达，自古以来，就是内接中原、外连西北的交通枢纽，是东西交通的重要中转站。早在汉代，就有一条灵朔大道，南通关中，北达河朔，灵州是这条大道的必经之地，匈奴南扰关中，汉军北击匈奴，都取道灵州。五胡十六国时，有五条要道必经灵州，其中最重要的是由匈奴人赫连勃勃所建的夏的都城——统万城，经盐池，过灵州，渡黄河，穿越阿拉善旗，进入河西走廊，西行可达西域诸国的西域道。这条西域道，成为商贸往来、调兵用粮的重要通道。

唐宋时期，灵州是诸交通线的交会处，也是西北最大的交通枢纽。向东有通往夏州的“灵夏道”（灵盐夏道），向南有通往原州、长安的“灵原道”和通往环州、长安的“灵环道”，“灵原道”又称“萧关道”，唐太宗灵州会盟和唐肃宗灵武登基走的都是“萧关道”。向西则是著名的“灵甘回鹘道”，因为这条路经凉州、甘州，可达西域，所以又称灵凉甘大道，这条路也是闻名遐迩的“丝绸之路”的重要组成部分，属于“丝绸之路”的北线。这条古丝绸之路，汉代已经开通，是唐宋与吐蕃、回鹘联系的重要通道，后来由于西夏占据灵州，这条与西域往来的通道被割断，元代得以完全恢复。晚唐五代至北宋初年，灵州是灵州与西域的必经之地，西域商贾往来，中原至灵州赴任官吏以及双方使节往来，均沿此道而行。

这些道路交会于灵州，一方面为调运军力物资提供了有利条件，另一方面也推动和促进了灵州商贸中心地位的形成。唐宋时期，灵州一直是西北地区各族进行茶马贸易的“和市”中心之一。

元时，在宁夏有三条重要驿道，其中一条是长安经灵州去西域的驿道，其走向为由长安，经永寿、彬县向北，溯泾河、马莲河，经甘肃宁县、庆阳、环县，进入宁夏萌井驿（今宁夏盐池萌城），北行 350 里至灵州，折向西南行 120 里至鸣沙驿，渡黄河至应理州（今宁夏中卫），再西行 180 里到野马驿（今宁夏中卫甘塘西），由此西经甘肃永昌、甘州、肃

胡旋舞石刻墓门

州，可达西域。

灵州北临黄河，还拥有便利的水上交通。北魏太武帝时，薄骨律镇守将刁雍指挥工匠造船200艘，半年时间就将50万斛粮食从薄骨律镇（灵州）运至沃野镇，及时满足了军队需要。

自北魏开创大规模水运以来，历代不衰。武德七年（624），唐高祖李渊为防突厥南下，在灵州、五原设舟师（水军），派于筠召江南船工，到此修造战舰。唐开元以后，设朔方节度使，治所在灵州，驻军庞大，所需军粮经常由北都（太原）购买，然后溯河而来。

古籍记载，西夏时黄河有两个渡口，一个是郭家渡，另一个是大都督渡，当时与宋抗衡的西夏军队装备有数量不少的浑脱（皮袋）作为泅渡工具，或组成皮筏子运输物资。元至元元年（1264）四月，朝廷在灵州设水驿——灵州水站一处，置舟船6艘，水手24名，驿丞2名，水站相当于水运转运站。灵州水站的设立，说明灵州不仅在旱驿中占有重要地位，而且在水驿中也占有重要地位。

古代灵州为民族杂居地区，“本杂羌戎之俗”。尽管各少数民族不断发动侵略战争，但战争结束后，灵州又成为历朝历代安置降附少数民族部众的主要聚居地。各少数民族与汉族彼此相融，相互促进，共建家园，共同为开发灵州作出了巨大贡献。灵州，因而成为多种文化的汇聚地，成为北方多民族共处的家园。

这种民族大迁徙，自汉朝起便历代不断。

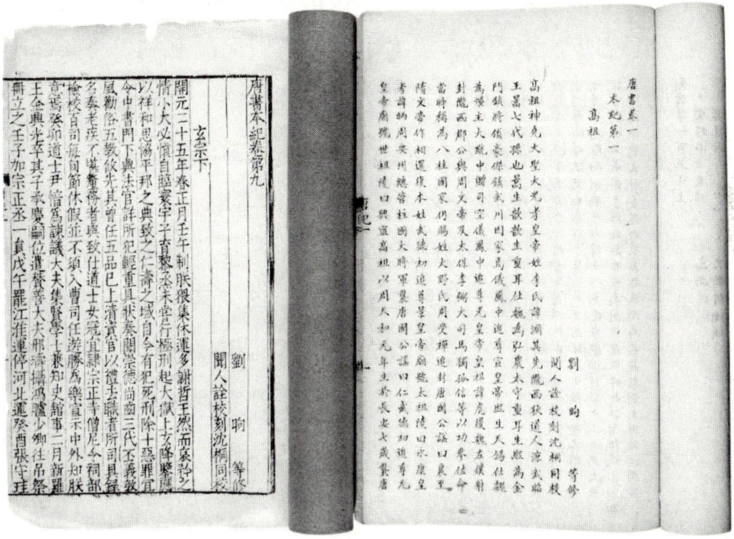

《唐书》节选

汉朝沿袭秦朝“典邦国”制度，实行“典属国”制度，在北地、朔方、陇西、上郡、云中五郡辖区内设置五个属国，用以安置降附归顺的匈奴人，允许匈奴人在属国内自己管理自己，并保留原有生活方式、原来风俗习惯，北地郡灵州是其中主要安置地。武帝元狩二年（前121），将降附的4万匈奴人分别安置到北地、陇西、朔方等郡，其中包括灵州。东汉建武十年（34）至延熹八年（165），西羌的内迁事件总计29次，人口总数在70万以上，其中灵州为西羌主要徙居地。东汉末年，灵州既是羌族起义的中心地区，又是安置降附羌族的主要聚居地。

魏晋南北朝时期，北方出现更加广泛的民族大迁徙，史称“五胡内迁”。统治者将周边少数民族迁徙到文化发达的汉族地区，“西北诸郡，皆为戎居”，迁入灵州的当不在少数。北魏大败大夏赫连昌后，收“胡户”徙迁汉富平县（今宁夏吴忠），借此充实人口，又多次将降附的柔然、敕勒部众安置到薄骨律、高平两镇，太武帝当政的第七年（430）将降附的柔然万余户安置到薄骨律镇。

隋唐时期，设灵州都督府，安置突厥、吐谷浑、铁勒、党项、昭武九姓等部。贞观三年（629），唐太宗遣将击败突厥，将其部众万余人安置在灵州等地。贞观四年（630），唐太宗遣将大败突厥颉利，将其部降唐者10万余户分别安置在灵州、幽州等四处。贞观十年（636）一月，突厥首领阿史那杜尔率众10多万人降唐，也被安置在灵州境内。贞观二十年（646），唐太宗亲自到灵州接受敕勒等11部归附，次年，以民族自治的形式，将铁勒、突厥、回纥等内附少数民族各以其首领为都督、刺史，以统其部，设置6个都督府、7个羁縻州予以安置，其中燕然州、皋兰州、鸡田州、鸡鹿州、烛龙州俱在灵州境内。调露元年（679），唐高宗在灵州南界置鲁、丽、塞、含、依、契六州，用来安置突厥降众，史称“六胡州”。武则天天授时期，大量党项族被安置到灵州等地。

宋代，灵州主要安置党项族。沈括《凯歌》诗中写道：“灵武西凉不用围，蕃家总持纳王师，城中半是关西种，犹有当时轧吃儿。”诗中的灵武，即灵州，“蕃家”即党项族，“关西种”，指关内迁来的汉人，“轧吃儿”指说话不流利，这里指汉语不流畅的少数民族。诗中表明，当时的灵州，半是党项人，半是关内汉人。不过，灵州被西夏攻占后，情况有了变化，灵州的主要民族为党项族，但党项族对汉族并不采取排斥政策，双方共存共荣，共建灵州。

1227年，成吉思汗攻占灵州后采取残酷的种族灭绝政策，灵州的西夏人大半逃走，灵州几成空城。至元五年（1268），元世祖忽必烈下诏，令外逃的西夏人归还本籍，并设“西夏惠民局”收容安置，设“西夏营田司”组织他们屯田。

明王朝在灵州实行军屯和民屯同步发展的政策，鼓励移民迁徙灵州。为了充实劳力，明政府“徙五方之人实之”，所谓“五方之人”，即齐、晋、燕、赵、周、楚之民，其中除了汉族，还有不少的少数民族。

这些民族大迁徙有以下几个特点：

一是从迁徙的对象看，主要是降附归顺的少数民族，如西汉之匈奴，东汉之羌族，北魏之柔然，唐代之突厥，宋代之党项，等等。

二是从迁徙的方式看，既有少数民族的自主流动，但更多的是政府有组织、有计划的安置，带有一定的强制性，由于是有序流动，因而没有造成社会生活的动荡和混乱。

三是从迁徙的结果看，无论是采取与汉族杂居共处的形式，还是民族自治形式，都取得了良好的效果。

农牧业的发达，政治军事中心的确立，发达便利的水陆交通，商贸的繁荣，多种民族的共处交融，使灵州成为人文荟萃的文化名城。许多名人在这里驻足，写下了浓墨重彩的一笔。

秦蒙恬、汉卫青在这里大破匈奴，建功立业。北魏薄骨律镇将刁雍治理灵州，名传后世。唐代中兴名将韩游瓌、名相张说、名将郭子仪等人都在灵州建功立业。至于唐太宗灵州勒石，唐肃宗登基，更是家喻户晓。居于灵州的突厥首领阿史那杜尔归顺唐朝后，为戍守唐边境立下了赫赫战功，死后得享陪葬唐太宗昭陵的殊荣。唐诗人李益、王维驻足灵州，诗传后世。北魏《水经注》的作者郦道元、西夏儒学大师斡道冲、元朝兴修水利的郭守敬，其事业无不与灵州息息相关。

灵州，是个名人辈出的地方。隋末率领10余万人起义的领袖白瑜娑，就是灵州人。唐代平定“安史之乱”的中唐名将中，其中就有两位灵州人，一个是仆固怀恩，另一个是浑瑊，其中仆固怀恩斩其子以正军纪之事尤为令人动容。唐宪宗元和十四年（819）十月，吐蕃数万大军包围了盐池，相持近一个月，朔方名将史敬奉深入吐蕃后方，出奇计，扰乱吐蕃根据地，迫使吐蕃撤军，盐池始得解围，史敬奉也是一位灵州人。灵州的名门望族就更多了。汉代灵州傅氏家族，从东汉到南北朝，其家族中被正史立传的就有20多人，其中7人被封侯，至于朝廷重臣、州县官吏、军事将领、文人学士就达30余人。唐代灵州人康氏家族五世为将，史氏家族四世五人为将，何氏家族六世为将，均堪称将族名门，名播朝野。五代时灵州韩氏家族中的韩逊、韩洙、韩澄两代三人占据灵州，而且均为灵武节度使，史所少见。

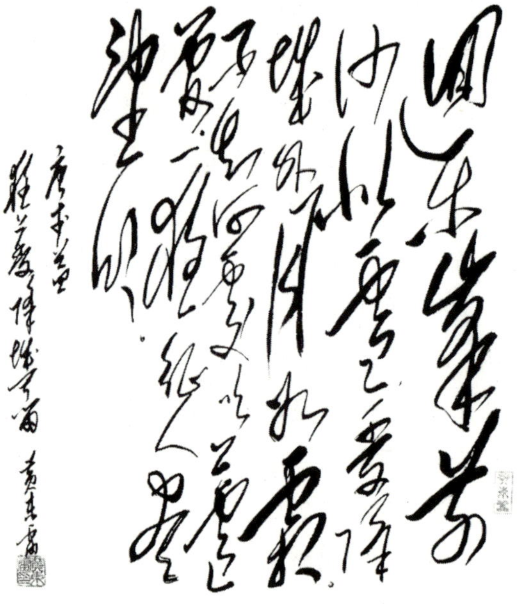

唐·李益诗《暮过回乐烽》

灵州，也是名人墨客咏诗赋词的重要对象。粗略统计，古代咏唱灵州的诗词近千首，其中直接赋写灵州回乐的约 300 首，属于唐宋时期的约 40 首，如杜甫的《送灵州李判官》，郎士元的《送李骑曹之灵武宁侍》，无可的《送灵武李侍御》，李益的《夜上受降城闻笛》和《暮过回乐峰》，张籍的《送李骑曹灵州归觐》，贾岛的《送邹明府游灵武》，韦蟾的《送卢藩尚书之灵武》等诗都很有代表性。他们或描写古灵州的塞上风光、自然环境、地理特征，或感慨“塞上江南”农牧发达、“饶谷多畜”、牛羊塞道，或记录商贸往来、游人如云、多民族共处。这些诗词中尽管送别诗占有较大比例，仍给这座古城增加了浓郁的文化色彩。

名人驻足，人才济济，诗文咏唱，既提高了灵州的知名度，又增加了灵州的文化氛围，积淀的历史信息、文化信息是丰厚的。

古灵州以重要的地位、悠久的历史、丰富的人文遗产、深厚的文化内涵，为提高吴忠城市品位奠定了坚实的基础，为推动吴忠文化事业提供了丰富的养料，为吴忠经济腾飞增添了强健的翅膀。

百年董府话沧桑

坐落于吴忠市金积镇露天洼子村的董府，气势恢宏，屋宇威严，是宁夏境内保存最完好的古建筑群之一，被列为全国重点文物保护单位。

说起董府，首先还要从这座建筑物的主人董福祥说起。

董福祥（1839—1908）　汉族，清固原州毛居井人（今甘肃环县境内）。幼时家贫，不喜读书，崇尚侠义。清同治年间（1862—1874），陕西爆发回民起义，董福祥对清政府的苛税不满，通过哥老会的关系，组织团练自保，提出“有饭同吃，有难同受，有福同享，有祸同当”。同治三年（1864）六月，董福祥与邻近的张家新庄张俊民团、豫旺堡李双良民团联合，并称为“团总”，配合回民反抗清军。董军给正在进攻金积堡的清军以沉重打击，声威大振，拥兵数万。同治六年（1867），董军进军陕北，先后攻陷甘泉、安塞。七年（1868），钦差大臣督办陕甘政务左宗棠、广东陆路提督刘松山、甘肃提督高连升、汉中镇总兵李耀武对回民进行围攻。董军在延安、绥德一带也接连受挫。八年（1869）二月五日，董福祥在其父董世猷受降六天后归附刘松山。他的部队也被刘松山改编为“董字三营”，清政府授予董福祥五品军功官衔。董福祥投降后，深得刘松山的信赖。九年（1870）刘松山被击毙，刘松山之侄刘锦棠遵叔遗嘱，在军事上依靠董福祥。从此，董福祥声名鹊起。

光绪二年（1876），董福祥随左宗棠进军新疆。在此之前，俄国侵占伊犁，同时又有境外势力阿古柏勾结沙俄、英国等列强势力侵入新疆。清政府命左宗棠率部西征收复新疆，“董字三营”作为左宗棠西大军的前锋部队，董福祥是清军刘锦棠的得力战将。同年六月，董部经过两个月的激战收复乌鲁木齐。九月收复玛纳斯南城，此战胜利使北疆全部收复，也粉碎了英、沙俄入侵我国新疆的阴谋。在这场战役中董部伤亡众多，董福祥也在激战中多次受伤。

光绪三年（1877）三月，董福祥率部进军南疆，四月十七日攻占达坂城，杀敌两千有余，不久攻克吐鲁番，南疆门户洞开。

董军同其他各军浴血奋战，收复新疆。董福祥也因在西征中战功卓著，不断加官晋爵。

光绪五年（1879），清政府赏董福祥一品顶戴，为正二品武官。十二年（1886），授阿克苏总兵。十六年（1890），升喀什提督。在阿克苏和喀什提督任职期间，他大力屯田，修理渠道，恢复生产，发展当地经济。二十年（1894），董福祥奉调入京参加慈禧六十大寿庆典。二十一年（1895），甘肃河湟回民再次暴动，清政府又命董福祥为甘肃提督，率军镇压。

光绪二十三年（1897）十一月，德军侵占胶州湾，沿海形势日趋紧张，董部奉命调入北京，编入武卫新军。该军由左、右、前、后四部组成，由宋庆、袁世凯、聂士成和董福祥分别统辖。戊戌政变后，董福祥统领的武卫后军，驻扎于河北蓟州并兼顾通州一带。董福祥对于义和团剿灭洋人之举十分赞赏。

光绪二十六年（1900）六月，八国联军入侵北京。董福祥率部在河北红村（今北京大兴）奋力抵抗。在廊坊，侵略者受到董福祥甘军和义和团阻击，激战三天，迫使侵略者退回天津。

同年六月十九日，慈禧决定进攻位于北京东交民巷的大使馆。董福祥的甘军和义和团攻占并焚毁了比利时、奥地利、荷兰、意大利等国使馆。侵略者逼近北京时，其他各部都已散伙，唯独董福祥率领的甘军在东便门、朝阳门和正阳门等处拼死抵抗。当他得知慈禧、光绪逃出北京后，才撤出战斗。在山西阳高追上慈禧和光绪帝，并亲自率兵护卫。后又在西安担任光绪的行宫警卫。

1900 年，清政府和侵略者议和，董福祥被列强提名为十一名“先办祸首”之一，八国联军提出要对他处以极刑。

迫于八国联军的压力，慈禧念他护驾有功，便表面答应将董福祥处死，暗中却隐瞒消息，竭力保全其性命，于光绪二十七年（1901）将他革职，董福祥所部 5500 余甘军全部解散。

罢官回乡，董福祥又悲又喜。悲的是从此再不能为官，喜的是自己性命得以保全。他带领 3000 家丁和家眷重返固原苏家堡，并在固原城修建了府第（称固原董府）。本想在此定居，享几年清福。哪知他的维吾尔族四姨太不喜固原山城，说是固原与新疆故乡气候差距太大，住不惯。所以派人到与新疆地理条件差不多的吴忠金积堡买下了当时豪绅郭千岁的一个大湖塘。动用 100 峰骆驼从磁窑堡驮了一年的煤炭，在湖底铺了近 2 米的地基，又在上面夯以黄土，建成了现在的董府。因董福祥罢官前有太子少保的头衔，故董府又被称作“宫保府”。

董府是仿北京四合院的建筑模式建造，并融中国南北方建筑艺术于一身的宏伟建筑。董府占地总面积 34650 平方米，始建时有 11025 平方米，动用 300 多万人次民工，耗资 30 万两白银；府墙高 8.5 米，女儿墙高 1 米，宽 0.5 米，府墙基宽 12 米，顶宽 4.5 米，府郭东西长 115 米，南北宽

105 米，周长 440 米，房屋 126 间，府门门洞进深 13.2 米，宽 3.5 米，高 4 米，府墙马道 2 条各 52 级，原护府河宽 5 米，深 3 米，雕刻图案 72 种。

我国传统的达官府邸一般都采用“内城外郭”的古制。内寨之外，再建一座外寨，成为两重方寨。董府也不例外，只是董府外寨（府郭）现在已经荡然无存，只保存下了内寨。现存内寨主体建筑，由院落、府墙、府郭、护府河四部分组成。整个院落共有房屋 126 间，采用我国四合院建筑的传统格局，以中院为中轴线，前后两进，南北对称，平面呈三院六庭式布局，是一座典型的清代两进四合院。

董府的高大府墙为黄土夯筑而成，外观为城堡式，上有带炮眼的女儿墙，具有很强的防御性功能。宽敞、高大的半圆拱洞形府门面向东开，大门上面高耸着一座玲珑精致的眺阁，显得巍峨壮观。整个院落被围护在一个略呈长方形的城堡内。

四合院是中国民居中历史最悠久、分布最广泛的汉族民居形式，一般的四合院都有两进院落，大型的有三四进院落和花园。而董府的布局却是一座颇为特殊的两进加大四合院。

每院又由前后两个小四合院组成，这样就形成了以中路为中轴线、南北对称的双四合院圈成的三院六庭式大四合院。整个三院六庭正居内寨的中央，四面距府墙都有 10 多米的走道，更显示出庭院的宽敞开阔，视野宽广。

大四合院中的六个院落东、西、南、北四个方向的房屋各自独立。南北厢房与正房的建筑本身并不相连，连接这些房屋的只是过间游廊。不论是南院、北院、前院、后院，还是里面过间和游廊全是直的，横向为正南北，纵向为正东西。三院六庭一律是方正、端庄的四合院。每个四合院，均采取东西中轴线，左右对称，主次分明等一整套的中国传统建筑布局章法，具有外观规矩、中线对称、布局严整、院落敞亮的典型特征，呈现出拘束但稳重、严谨的北方四合院建筑风格。这座两进四合院的建筑色彩，多采用材料本身的颜色。青砖灰瓦、玉阶丹楹，墙体磨砖对缝，工艺考究，虽为泥水之作，犹如工艺佳品。

建筑是人类文化的纪念碑。人类的各种文化理念，在建筑上都有鲜明而丰富的体现。中国的宗法伦理观念影响到几乎所有建筑类型。董府，这座 100 多年前方正规矩的四合院，不只是众多房间的集合体，更是清代封建等级制度与伦理道德的凝固物。董府无论是总体布局、内外装饰的内容与风格，还是府墙、府门、府郭等整体环境与气势的建造，无不体现出中国古代官宦之家的风貌与气息，同时也集中体现了中国封建社会传统的文化价值观。

大的四合院民间习惯上称为大宅门，董府就是一座由六个小四合院纵横相连而成的大宅门。

董府内一角

董府这座大宅门属内院式住宅，封闭性很强。高大厚重的府墙只开一个大门与外界沟通，院内四面房子都向院落中心方向开门，因此，只要关上大门，四合院内便形成一个私密性很强的、封闭的小环境。

中院的后庭有两层檐楼的小四合院，是全府的中枢所在，这个小四合院是二层楼房结构，上下大小房屋 56 间，采用卷棚式大屋顶，结构上采用平座斗拱。屋脊飞翘，雕梁画栋，砖雕木刻、精工装修，做工最为精湛。

这里是董福祥生前居住之所；正西的楼上是用来作“祖先堂”的，供奉着祖宗的牌位和皇帝的赏赐。“祖先堂”是全府最高、最大、最好的房子，通常不住人，而是作为整个家庭权力的象征，是举行家族会议、执行祭祀功能的场所。

董府这座封闭的大宅门虽然院落、房间众多，但是其间不同等级、不同用途的建筑空间定位与组合，首先遵从的是宗法礼制秩序。以家庭观念为纽带的宗法制度是中国封建社会的最高伦理观念，也是维护社会秩序的最重要手段。清朝提倡大家庭，褒奖四世同堂、五世同堂，完全继承了明朝盛行的大家庭礼制。尊祖敬宗、长幼有序、男女有别、尊卑有等、内外有差，这些封建大家庭的伦理道德方面的礼制规范，不但是“修身”“齐家”必须贯彻的，同时也成为家宅建筑所遵循的准则。在建筑上，为了突出尊位，则置于中央地位；位卑者，从属者，则列于两旁，这就形成了对称布局。按中国传统方位观念，居中面南为尊，面东、西者次之，面北者最低。在住宅中，尊位是长辈、家长所在，即正房或上房，两侧则为晚辈子媳所在，即厢房、偏房。董府所有的家庭成员依据上下尊卑、长幼有序的传统观念，按照自己的辈分分别居住在不同的房间里。

董府这个封闭的大四合院，实质上反映的是封建家庭森严的宗法主从关系和使用功能。这座百年豪宅是把砖瓦石当作了笔墨和纸，记载了中国人传统的家庭观念和生活方式。历史，留给后人的只是一个平面化的粗线条。所有有关这个行伍出身者的性情、喜好、喜怒哀乐等活生生的细节隐约留在了董府这一建筑上和子孙后代的口口相传中——董府的门是朝东开的，那是当年贬归故里的董福祥为了避嫌，暗含着一个一心只知效忠朝廷的纠结武夫的隐忍和企盼；董府中院的木质门楣上雕刻着武松打虎、西域人驯兽图案，在暗示着尚武是他一生的喜好……

董府不仅具有官宦住宅的文化性格，同时也具备了官商住宅的文化气息。董福祥虽被革去甘肃提督之职，但太子少保衔尚在，而且董福祥退居故里后，手里还掌握有一定数量的武装，拥兵自卫，他凭借自己强大的军事、经济实力，在金积堡归耕屯田，“治塞上名田，连百余里”。他在金积堡、吴忠堡一带设行开铺，开设的商号有天太裕、天太当、祥太魁、祥太和等，很快成为宁夏地区的富商大贾。“牛羊骡马骆驼以万计，岁入三百万”，富甲一方。因此，董福祥凭借他多年的政治影响力，转而经商，达到了官商结合，实力更加雄厚。董府就是在这种背景下建造的。加之地处西北，远离京畿，受朝廷的制约较少，因而，董府的修建规模庞大，远远超过了清政府规定的正一品官员的府宅的建筑规模和等级。

董府飞檐

董府的中后院高起为楼，四面高墙耸立，与位于政治中心北京的达官府邸所显现的儒雅秀丽的风格相比，格调更近于豪放雄浑，这正是这座百年豪宅建筑文化风格的独特之处。董福祥花了 3 年时间建造的豪华住宅，只住了 5 年。1908 年董福祥就病逝于此宅。董福祥死后葬于固原南乡十里墩。

秦渠的传说（白马拉缰）

秦渠开口于青铜峡出口东岸，是河东平川里最长的一条大渠。传说秦始皇统一六国修筑了长城，众大臣齐贺秦始皇造的长城像盘踞在大地上的一条旱龙，守护着秦国的江山，又有大臣上疏秦始皇说："陛下，如今大秦江山已有旱龙守护，唯独缺少一条水龙，如陛下再向河东开一条长渠，那便是水龙了，二龙护主可保我大秦江山万年不朽啊!"秦始皇一听觉得有道理，于是派了一个专修水利的官员限期前去修渠，那官员顺着黄河来回勘察了几十年也没找着一个合适的渠口，愁得这个官员头发都白了。一天他又出去勘察，走累了，躺在一个山坡上睡着了，梦中听见有人叫他，睁开眼睛一看，见面前站着一个穿一身白的白胡子老汉，手里牵着一匹白龙马。那个白胡子老汉看着这个人怪可怜，问他："你这个年轻人，可怜兮兮的，怎么头发都白了?"那官员说："实不瞒你老人家，皇上派我修一条渠，至今已有数十年了，还没找到一个合适的渠口，所以愁白了头。"那白胡子老汉一听，笑道："原来如此，唉！早就改朝换代了，你还忠实地为修渠的事发愁。修渠对庶民百姓都有好处，这样吧，我拉上马头，你随到后头顺着马缰绳拉下的壕子，光修支渠就行了，我拉到哪里，你修到哪里。"说完拉上马朝东方直直地走了，那马缰绳拖在地上，把地深深地拖了一道壕，眼看着就成了一条渠。

那官员马上组织了几千民夫顺着白马拉下的壕沟，动土只修支渠口，说来也巧，那些支渠口特别好修，没有多久就修成了一道长长的大渠。黄河水哗啦啦地向东方流去，灌溉着数千万亩土地。

由于这条渠是白胡子老汉用马缰绳拉开的，所以，至今也不知道这条渠是哪个朝代修的。但是到后来，人们因为是秦始皇派人想修这道渠，这才把这道渠叫成秦渠了。

巴浪湖的传说

从前，东山边子的沙坡上有二道泉子，在北头子的一道叫大泉，在南头子的一道叫小泉。小泉虽小，但流出来的水却大得很。每天山上山下的牛羊骡马都到这二道泉子来饮水，附近的庄户人家也来这里驮水吃。

这座山上有个放羊娃，又小又瘦，当地人都叫他小巴郎子（旧时对牧羊娃的统称）。小巴郎子每天都要赶着他放的羊群到小泉边饮水。

一天，小巴郎子赶着羊群来饮水，发现泉边不远处坐着一个道士模样的人。这人背着一个紫葫芦，腰里缠着黑布带，坐在地上，口中念念有词。小巴郎子觉得奇怪，又不好打听，蹲在一边看了一个时辰，也不见道人有丝毫挪动。这时，羊群走远了，小巴郎子只好追羊群去了。

第二天，小巴郎子赶着羊群来饮水时，又见那个老道照儿（照旧）坐在原窝窝（原地方），口中念叨着。小巴郎子没管三（没当回事）。就这样，小巴郎子每天来饮羊时，都看到老道坐在泉边。

又过了四十多天，这一天，小巴郎子又赶着羊群来饮水，发现泉水竟然干了，那个老道也不见了。附近庄上来驮水的人也看着干泉发呆。这时，人群中不知谁喊了一声："可能是那个老道干的。他背着那个葫芦重腾腾（沉甸甸）的样子，往西走了一个时辰了。"这下子提醒了小巴郎子。小巴郎子把羊群托人看管后，拔腿就往西撵，一撵撵到了吴忠南头子的汉白堡，终于把老道撵上了。

小巴郎子上去就抢老道的葫芦，老道回头一看，原来是牧羊娃，就问："你这个尕娃娃，我没招你惹你，抢我的葫芦干啥！"小巴郎子说："你把我们的泉水背走了，我们拿啥饮羊？就连人都吃不上水了！你把泉水照儿给我们背到原窝窝子（原地方）去。"老道哪里肯，说："我静坐了七七四十九天，好不容易施法装到泉水，怎么可能再背回去。"说着夺过

巴浪湖桥

葫芦便走。小巴郎子急了，顺手从地上捡起一块石头朝葫芦砸去，“啷”的一声，把葫芦砸了个窟窿。葫芦里的水“哗”地一下全淌出来，变成了一片湖水。老道气急了，说：“你把我的葫芦砸了个窟窿，我要把你的头打个洞。”说着一拐杖朝小巴郎子的头上打去，打死了小巴郎子。后来，人们为了纪念小巴郎子，就把这湖叫作巴郎湖。再后来，人们又把这湖叫成巴浪湖了。

据说，那个大泉和小泉是鸳鸯泉，因为小泉没有了，那大泉的水也变小了。

官田的由来

官田，又名官庄、汉庄。上了年纪的人没有不知道的。官田，新中国成立初期属吴忠市吴南乡。1958 年，农村人民公社化时，属吴忠人民公社管辖。1970 年被命名为“解放”大队，1983 年还原现名。现属利通区上

桥镇。它东邻中华村八家坊，东南毗牛家坊，南靠罗渠，西连板桥乡的梁湾村，北靠吴忠塑配小区。

1871 年 3 月 2 日，清政府结束了镇压吴忠回民起义后，便在吴忠留下驻军及随军家属、文职人员共 1120 人。留守的这些驻军，一部分是陕西清军都兴阿部、河州镇总兵曹克忠部、固原提督雷正绾部，各抽留 80 人；另一部分是左宗棠的湖南湘军约 300 人。他们统归清军左营统领张俊辖管。次年，由左宗棠上奏清廷，交由宁夏府宁灵同知管理。

清政府由于受到云南、陕西、甘肃、青海、新疆回民起义军、捻军和太平天国等农民起义军的打击，再加上连年战争，国库严重空虚，无力长期支付留守军队的兵饷及随军家属、公务人员的开支。遂将没收来的回民起义将领的田产（当时这些田产被宣布为“叛产”），划拨给留守驻军，任他们自种自吃，搭建房屋，自谋生计。这部分被官府划拨给留守驻军的田产，当时被老百姓统称“官田”。

洪沟的故事

洪沟流来了人类的文明，流走了历史的浑浊，流逝着人世的沧桑。

洪沟

洪沟位于红寺堡西南，是一条源远流长的古老山水河，源于田老庄乡黑山墩，经千台山、小罗山、大罗山、新庄集、红寺堡至中宁鸣沙红柳沟注入黄河，全长 204 千米。洪沟之水乃泉水出露地表，可以饮用。洪沟秋夏水涨时，流经红佛寺西侧一段，高原断层明显，黄土崖层断裂，不断被河水冲走，形成 30 ~ 50 米高的峭壁，峭壁刨面上层呈红色有翠壁丹崖的奇特景观。洪沟为昔日红寺堡的畜牧业发展提供了优越的自然条件。

红寺堡自然风光优美。60 年前，天然植被葳蕤遍地，灌木成林，芨草高茂，植物密匝，高大的骆驼进入芨草参天的地区，被隐藏得看不见。史称有 20 余万羊只，10 余万牛马、骆驼在洪沟饮水，洁白的羊群如朵朵白云，缭绕沟际，唐宋时期史称“沃野千里，谷稼殷积，牛马衔尾，群羊塞道，种落愈繁。人口剧增”，红寺堡农牧业的大发展，洪沟功不可没。

洪沟写生画

罗山的传说

相传远古时候，有个名叫北海的地方，非常美丽。那里的海水清得像眼泪，能看到鱼儿在嬉戏玩耍；天鹅在水面上凫游，像是在玻璃上缓缓划动；海水里倒映着瓦蓝瓦蓝的天空、雪白雪白的云朵和雄鹰张起的翅膀……岸边的青松翠柏郁郁葱葱，一直掩映到高山顶上，树林里百兽出没，万鸟齐鸣，唱着优美动听的歌儿。另有一段平缓的沙岸，洁净绵软，金光灿灿，是个洗澡的好场所。

有一日，西天王母的12位爱女路过此地，被眼前的景物迷恋，个个流连忘返，不肯离去。她们在海水里洗澡、在沙滩上晒太阳、在松林里乘凉、在高山上采花、在海岸边钓鱼……日子过得十分惬意。西天王母知道这事后，为了让女儿们高兴，就把这个地方赐予她们当花园。那最小的

罗山脚下

女儿瑶姬高兴地跳着说："妈妈，你真好!"

后来大禹治水来到北海，看到黄河的水能流进来，却流不出去。他想：如果把北海东面的山开个峡谷，让水流到东海里去，这样既能减少水灾，又能灌溉良田，对天下百姓大有好处。于是他举起巨斧，挥动神臂，一声霹雳，天地动摇，果真开出了一个40里长的大峡谷。北海的大水流走后，人们开出了许多肥沃的良田。

大禹为民做了件好事，却惹怒了西天王母。她大发雷霆，发誓非要报复不可，因为大禹破坏了她的爱女的花园浴场。于是，她包了一手绢土，要去堵住那个新开的峡谷，重新恢复北海的本来面目。

罗山

太上老君是个心地善良、事事想着百姓的老好人。他知道这件事后，就挑着一担铁鞋先一步起程了，他坐在西天王母必经的路上等候，待王母走近时，他主动问道："看你累得满头大汗的，要到哪里去呀？"王母说明了情况，他就接着说："唉，那可远着哩！你看我把挑的一担铁鞋鞋底都磨破了，还没到北海呢！你个妇道人家何时才能到达？我看就别记恨大禹了吧。何况大禹救的是万民哩！"

西天王母反问："莫不是大禹请你来替他说话？"

太上老君说："那倒不是。因为我路过长江三峡时，看见瑶姬和她的姐姐们正玩得高兴呢！我问她们怎么跑到这儿来了？她们高兴地告诉我说，'三峡的风光明媚，景象万千，气候宜人，乐趣无穷，比那北海更胜一筹呢！'还是小瑶姬她们姐妹帮助大禹降服九条恶龙，劈开了长江三峡，使长江两岸的无数百姓过上了安居乐业的生活。她们每日站在那高山顶上，透过云雾缭绕的万丛群山，遥望那山峡的绮丽风光，真是再开心不过了。现在她们决定不再回北海去了，你也就不必跑上那么远的路，去填那个已被孩子们玩腻的荒山峡谷了。"

西天王母听后长叹一声说："罢！罢！我不去了，只要孩子们有个好去处，我也就放心了！"说着，她提起手绢一倒，便倒出个大罗山，随后一抖，又抖出个小罗山。

太上老君看见目的达到了，心里非常高兴。他为了不让那山上的土被雨水冲下去把峡谷再填住，就吹了一口气，变成了无数朵云雾，无冬无夏地笼罩在大小罗山上空，使这方圆几百里变成了阴湿地区。从此后，那里茂密的苍松翠柏覆盖了所有山头，黄土再也冲不进山沟和河道里了。

大禹砍开的峡谷就是青铜峡，开垦出来的肥沃土地就是"塞上江南"卫宁平原。在中卫县胜金关西北五里多的地方，有一个平顶小山丘，名字叫钓鱼台。据说瑶姬姊妹们曾在那里钓过鱼，并且现在还能隐隐约约地看到她们留下的印迹呢。

罗山名称的由来

相传，明洪武二十四年（1391），开国皇帝朱元璋册封十六子朱栴为庆王，封地在今同心境内的韦州一带。庆王在韦州城大兴土木，修建宫室。于是，这边远荒凉的塞上韦州也兴盛一时，闻名遐迩。

庆王府内有个长史刘昉熟读经史，谙于世故。他深知庆王从山清水秀的江南来到这天地苍黄的塞上，心情肯定苦闷和惆怅。刘昉便煞费苦心极力在渲染此地的自然景观上为庆王找到慰藉，以安抚他的情绪，实现“勤民奉天”“藩辅帝室”的祖皇帝册封训言。好在庆王宫西边20余里有座长满佳木异草的秀丽山峰，虽然没有金陵钟山那样的天赋灵气，倒也不失巍峨苍翠的自然美，但当时这座山连个名字还没有呢！一日刘昉登上宫内一座楼阁顶，远眺对面一大一小的山峰，山色如黛、苍翠欲滴，这状如馒头又如反扣着的水瓢的山用什么命名形象雅致呢？他冥思苦想，沉思着，猛然一个意念掠过心头，那不酷似“田螺”吗？“螺”即“蠡”，用蠡来命名不是更文雅逼真吗？于是“蠡山”的名字正式起用。

为了饱览蠡山风光，刘昉又在韦州城南门修建了专供庆王欣赏风景、消夏避暑的“拥翠楼”。这座沉寂于荒原的万古无名之山因庆王府的建立大沾其光，一些文人名士慕名前来，或登楼或游山，吟诗唱和，屡有佳作，“蠡山”之名也随之远扬。因蠡即螺，人们习惯叫螺山，现在干脆称为“罗山”了。

青铜峡的由来一

宁夏青铜峡一带流传着一首民谣：“禹练十年功，铸斧开青铜。金牛镇峡口，斩龙保年丰。”

相传远古的时候，宁夏被大水淹没，大禹来到青铜峡一带带领众人治水，大水退去，山北面成为陆地，而山南面却因为峻岭东西阻隔使得积水不能流去。

大禹带领众人开凿的山沟，白天开凿出一条沟，到了夜里就合拢了。这时，有人对大禹说：山下深潭里有一条蛟龙，它会妖法能作怪，不要再开山了。大禹淡淡一笑，不以为意，继续开山。有一天，狂风大作，大雨倾盆，怒涛汹涌的洪水狂吼翻滚，众人慌乱闭门不出，大禹却冲出房门，跑上高崖，心中发誓：我一定要制伏可恶的洪水！

青铜峡十里长峡

这时忽见云端出现一位骑着黄牛的老者，俯首含笑说：“你们同心协力，铸造出一把青铜巨斧，就能劈山斩蛟龙！”大禹急问：“如何铸造？”

老者说："取来五岳（华山、泰山、衡山、嵩山、恒山）顶峰宝石，炼三千六百五十日就可得到。"并把自己坐骑黄牛送给大禹。

大禹亲赴五岳取宝石，黄牛驮着宝石腾空而归。众人建成熔炉，大禹取回宝石，黄牛运送煤炭，到了巨斧该炼成的日子，只听一声巨响，熔炉炸开，青铜巨斧腾空而起，在空中旋转着放射光芒。黄牛大叫一声，冲入深潭中与恶龙搏斗，这时候风浪大作，黄牛将恶龙引出水面，青铜巨斧从空中将巨龙斩为两段。山腰随之开裂出一道峡口，洪水顺口而下，这里现出了陆地，人们开始在这里耕种生活。

人们为了感念大禹和黄牛的恩情，在青铜峡北山上修建了一座禹王庙，并叫那山为牛头山。又铸成两头铁牛，一头供奉于牛头山的金牛寺中，在金牛寺旁的泉口上修了一座金牛池，据说，当日黄牛在此饮水；另一头铁牛沉于水底，用来镇压河底，防止洪水泛滥。至今还有"金牛镇河底，蛟龙难翻身"的传说。因为峡口是用青铜巨斧所开，所以这里起名叫"青铜峡"。

青铜峡的由来二

传说在远古时候，人世间经常洪水泛滥，尤其是黄河流域洪水灾害更为严重，黄河中上游沿岸一片汪洋，老百姓常年受水灾侵害，苦不堪言。为了拯救天下百姓，舜派司空（官职名）禹治理洪水。

禹治理洪水来到宁夏时，看到黄河水流到现在青铜峡峡口处，被一座大山拦住了去路，山南由于洪水不畅，沿岸村庄、树林全部被淹没，山北由于无水灌溉，田地龟裂，草木枯槁，山南山北的百姓深受其害。

经过反复勘察，大禹决定劈开大山，疏通河道，救万民于水火之中。他率领当地百姓数千人，每天挖山不止，想把大山凿开一个洞，放水过去，但由于山高石坚，尽管数千民众费尽力气，仍收效甚微，于是禹又命工匠从远处运来铁石，烧炼巨斧凿山，虽然他日夜辛苦，但石山还是纹丝不动。长期昼夜不停地凿山，使大禹十分疲乏，就在洪水泛滥的大石山下的一个岩洞里休息，打算等体力恢复了再凿山。这时，天庭玉皇大帝被大禹苦治洪水、拯救百姓的精神感动，便命玉兔将斗牛宫里的青铜峡神斧送给了大禹。

大禹文化园

大禹得到青铜峡神斧，高兴之极，飞快登上石山，抡起青铜峡神斧，顿感力大无穷，他一斧劈下，只听轰隆一声炸响，巨石纷飞，山崩地裂，大石山竟被青铜峡神斧劈成两半，中间闪出一道长峡（就是现在青铜峡拦河大坝上游的十里长峡），汹涌的黄河水霎时如万马奔腾，向东北方向畅流而去。从此，大禹平息了水患，大石山以南，水退农田现，形成了大面积肥沃的平原，大石山以北的千万亩农田得到了灌溉，老百姓世代安居乐业。

后来，当地百姓为了纪念大禹治水的功绩，就在大禹当时凿山治水休息的那个山洞里修建了一座禹王庙，在山洞的岩石山上凿了禹王神像，以示怀念，可惜这座禹王庙在1958年兴建青铜峡水库时，被淹没在水库里。

由于阻断黄河水的大石山是大禹用青铜峡神斧劈开的，也因峡谷两岸大石山因山色水光相互映照为青铜色，故此得名“青铜峡”。

牛首山的传说

大禹用青铜峡神斧劈开峡口大石山，造福了两岸百姓，谁知好景不长，过了不久，峡口河道来了一条性情暴烈的蛟龙，它的腰一扭，就能掀起几丈高的风浪。时间一长，峡口沿岸的过往行人不死即伤，村庄和庄稼也被全部淹没，沿岸的百姓深受其害，十分憎恨这条蛟龙，可谁也治不了它。

后来，沿岸百姓请了一位得道高人率众百姓砍柴炼铁，铸造了一只五万多公斤重的大铁牛，从峡口放入黄河。大铁牛放入黄河后，得到了太上老君的点化，通了灵性，两角锋利，力大无穷。

一天，恶蛟龙又兽性大发，开始兴风作浪，大铁牛毫不畏惧，和蛟龙在黄河里斗了一天一夜，打得天昏地暗，恶浪腾空。最后，恶蛟龙终于被大铁牛打败了，大铁牛用两只锋利的角把恶蛟龙挑为两截。从此，峡口河道才风平浪静，峡口两岸的百姓又过上了安居乐业的日子。

大铁牛杀死了蛟龙，为了保证峡口两岸百姓不再受妖怪祸害，它就常年卧在峡口黄河东岸，看护青铜峡峡口，随着时间的推移，大铁牛变成了一座大山，山顶高处的两座山峰，远远望去，好像两个插入云端的牛角，整个山的模样，活像一头趴卧在黄河岸边的巨牛，所以人们把此山叫“牛守山”。元明以来，文人墨客称此为牛首山，又因黄河流经此山麓，水光与山岩裸石相映，便呈现一片青红彩色，所以此山又名紫金山。据说，牛首山、五台山、峨眉山都有佛光照耀，特别是牛首山的佛光映出“品”字形的三个大太阳，正象征释迦、文殊、普贤三佛。

牛首山寺庙群内的小西天、金牛池、黑驴寺、舍身崖、苦工庙、地涌塔等景点都有诱人的神奇传说。现在，其庙会盛极一时，每年农历三月十五日庙会，都有来自各地的群众10余万人到牛首山参拜观光。为开发保护

牛首山寺庙群的旅游资源，青铜峡市2004年已开始多方筹资1000多万元整修旅游专道。

一百零八塔的传说

北宋年间，穆桂英大战幽州之后，为了西征，一夜行军三千里，来到西夏国的三关口，当时六郎杨延昭被围困在三关境内，穆桂英率兵去救，“穆”字战旗迎风飘扬，她跃马横刀，杀入敌营，救出了六郎。

忽听敌营有人大喊：“刮东风，刮东风，哪有个媳妇刁公公?”穆桂英听了，义愤填膺，横刀立马，在敌营中就像砍瓜切菜一样，又杀了一阵，才回营休息。

108塔

次日天明，她又挥戈上阵，直把敌军追到

峡口山下，便选在黄河边的小白庙前安营扎寨。她经常在庙前点兵派将，在清点兵将时，屈指一数，从战幽州开始到西征，不到三个月，先后有一百零八位虎将战死，此时，她不胜悲痛。于是便命令兵士挖河泥，烧白灰，在小白庙前筑起了一百零八座坟头，以示纪念，这就是现在的一百零八塔。

庙山湖的故事

相传很久以前，离黄河西岸五十里的地方，有个沙石山，山脚下住着一户有钱人家。

一天，来了一个要饭老头儿，蓬头垢面，穿着破衣烂衫，手臂上挎着一个破篮子，来到寨前，敲着红漆大门喊道："给点吃的吧！给点吃的吧……"大门慢慢地开了一条缝，从里面探出个脑袋，斜着眼睛吼道："去去去！哪来的叫花子，快滚，不吉利的老东西！"老头儿哀求道："老爷！就给点吧，哪怕剩饭剩菜也行啊！"里面的人"哼"了一声，瞪了他一眼。老头儿又哀求道："没吃的，给点水喝吧！"

可那大门早已关上了。老头儿口中念念有词，不一会儿，寨子便不见了，此地因此变成了荒凉的沙滩。

老头儿继续往前走，对面来了个背水桶的男娃娃，到老头儿跟前，停住脚步问道："老爷爷，您到哪儿去呀？"老头儿打量这娃儿，嘴唇裂开了口子，衣裳挂成了条条子，光着两只脚片子，便反问道："你到哪去了？"娃娃说："我们这里没有水，要到前面去背，我早上出去，到现在才背了一桶水。"

老头儿试探着问："我现在又渴又饿，你能给我点水喝吗？"娃娃放下水桶，爽快地说："行呢，您喝吧！"老头儿便咕嘟咕嘟喝掉了半桶，然后对娃娃说："我喝多了，怎么办呢？"娃娃说："没关系，喝完了我再去背。”

老头儿又说：“我饿得不行，能让我到你家吃口饭吗？”娃娃说：“行呢！我家快到了，跟我走吧。”走着走着，老头儿看见人们光着膀子在耕地，地干得冒烟，牲口累得直喘气，狗吊着舌头乱跑呢！便对娃娃说：“我走不动了，你回去找点吃的给我拿来吧！”娃娃“嗯”了一声，就赶快走了。

老头儿从怀里掏出宝瓶放在地上就走了。等到娃娃拿着干粮来到时，老人已不见了，只见地上两眼清泉，泉水喷出老高，流到洼处，成了一个大湖，那就是现在的庙山湖。

牛头山和长武山的传说

很早以前，由于常年干旱，庄稼没有收成，人心惶惶。

百姓逃荒要饭，卖儿卖女，可地主、土豪劣绅的苛捐杂税、地租粮款丝毫不减，这激起了百姓的反抗。人们三五成群，一起想办法对付土豪劣绅的杂税粮租。

有个给地主放牛的穷娃娃，也是吃不饱、穿不暖。当他听到大人们商量着如何抗粮抗税过灾荒年时，就想为什么这么多的人没吃没穿，有的人甚至卖儿卖女过日子？而地主却吃好的、穿好的，还余粮满仓、牛羊满圈。为什么他们不救济穷人呢？

放牛娃想，唉！我如果能把地主的牛宰了，让那些忍饥挨饿的人都吃一顿肉，该多好啊？可是地主家的牛都是有数的，不敢少了。怎么办呢？他想来想去，想出了一个好办法：他挑了最壮的两头牛宰了后，把牛肉分给了那些忍饥挨饿的穷苦百姓。然后，他把一头牛的头摆在一座山的山上，把另一头牛的尾巴栽到一座山的山下。

做完这些事后，他慌慌张张地跑回来告诉地主说：“老爷，不得了了，两头牛突然热得不行了，一头扎到山里头歇凉去了，你快去看一看。一头牛从这座山上钻进去，头钻出来在山上扎（竖）着呢；一头牛钻到另一座山里头，尾巴长长的在外面也扎着呢！”

那个地主一听，也吓了一跳，说：“走，过去看一看，我活了这么大年纪，还没听说过牛热了钻山呢！”放牛娃和地主一块儿来到山上，一看，真格！一头牛的头确实在山顶上呢，眼睛还睁着。他们又到另一座山的山下一看，第二头牛的尾巴也真格在山根子底下扎着呢。

地主心里有些害怕，他叫放牛娃抓住牛尾巴往外拽，可也怪，那边山头上的牛头“哞”地叫了一声，声音很大。放牛娃对地主说：“老爷，牛说了：‘你不能拽我的尾巴，让我在山里头再凉快凉快。’”地主一听，叫放牛娃赶快放开牛尾巴，和他一起回来了。

牛首山寺庙群

当天夜里，地主越想越不对劲儿，再次到山上察看，他双手抓住牛角说：“我的老牛，你赶快出来吧，不要着凉了。”说着，使劲往上一提，就把牛头提起来了。咦！怎么光是牛头，不见身子？他又跑到另一座山下，把牛尾巴抓住一拽，牛尾巴出来了，牛却没出来。地主一看，知道自己上当了，气得脑门子直冒烟，回来抓住放牛娃，用皮鞭狠狠地抽打放牛娃，问放牛娃都是谁吃了牛肉。地主说，吃一头牛，还三两金子。放牛娃死也不说，结果让地主活活地给打死了。放牛娃临死时，对在场的人说："我死了以后，你们把我埋在摆牛头的山上，我……"第二天，人们按放牛娃的话，把他埋在摆牛头的山上，从那以后，人们每天晚上都能听到牛在山上叫呢。后来，人们为了纪念放牛娃，把摆牛头和埋他的这座山起名叫牛头山，把栽尾巴的那座山叫作长尾山。再后来，人们把长尾山叫来叫去，叫成长武山了，而牛头山的说法至今没变。

鸽子山之谜

2008 年，一部名为《史前一万年》的好莱坞大片向我们展示了远古人类生活的片段。与《史前一万年》中古人类和巨兽搏斗、茹毛饮血的景象略有不同的是，一万年前的贺兰山一带，人们已经开始采集、加工植物及其种子，出现了人类远古农业的萌芽。为我们揭开这一历史面纱的，正是鸽子山石器文化遗址。

鸽子山中石器时代文化遗址，位于贺兰山东麓，即宁夏吴忠市所辖的青铜峡市瞿靖镇鸽子山，是在宁夏境内继灵武水洞沟后发现的旧石器时代晚期至新石器时代早期文化的重要遗址，是20世纪90年代宁夏文物考古工作的重大发现。其成果被剑桥大学出版的《古物研究》刊用，确认其为全世界时至今日为数不多的中石器时代遗址之一，其考古价值使它在中石器时期考古研究领域中占据了重要位置。

鸽子山在今青铜峡市瞿靖镇蒋顶西15千米的贺兰山山前台地，据说是因为有许多鸽子而得名。因长期受风雨侵蚀，山体被分割为数块平顶山丘，整体山形呈格子状，故又被称为格子山。

1984年6月的一天，青铜峡市文物管理所到鸽子山进行文物普查时，发现这里地表有零星红陶残片，经初步认定是一处新石器时代遗址。1990年夏秋之交，宁夏考古学者王惠民与几位同事路过这里，多年的考古经验令他们觉察到这里的不同寻常，于是他们停下脚步：山脊下分布着数十处的天然泉眼，依然有潺潺的流水，这样的地貌非常适合远古人居住或者活动。几个人立即分头开始仔细勘察，地表散布的红陶片寥寥无几，并没有多少特色，但随处都可见到人工石片及石器，他们当即采集了数百件毛坯和成型器物。

巨大的惊喜来自于对这些人工石片和石器的初步辨认。考古人员发现这些石制品除大量石片和石核外，打制石器有各种类型的刮削器、尖状器、砍砸器。细石器为数不多，但加工方法呈现多样化，外观精致，打制石制品和细石器制品用料考究，多为各色细石英岩和少量玛瑙、燧石、细泥岩和水晶等。在鸽子山周边，他们没有发现这些人工制作的石片和石器所使用的材料，专家推测这些石料可能采自较远的地区。在这里，考古专家没有发现水洞沟文化的石料主体灰色硅质岩（白云岩）。1990年，宁夏文物考古研究所发表了《宁夏青铜峡鸽子山遗址调查报告》，鸽子山石器面貌公布于世，引起中外考古界的关注。

1993年至1996年，宁夏文物考古研究所就以此项目与美国内华达山间研究所、加利福尼亚大学人类学系、犹他州沙漠地质局等开展了合作研究，为期4年，每年30~40天，并将研究地域扩大至腾格里沙漠和宁夏中北部广大地域。

1996年9月，宁夏文物考古研究所与美国内华达山间研究所、加利福尼亚大学人类学系、犹他州沙漠地质局等部门组成中美联合考古队，中方负责人许成，美方负责人埃尔斯顿，对鸽子山遗址进行了为期一个月的实地考察，此后又进行了几次田野调查，获得了上千件石制品和动物化石。专家们经过考古、地质、环境等学科的综合研究，用碳-14测定后认为，这个遗址的年代在1.2万至1万年以前，是研究更新世至全新世转型期人类文化与自然环境变化的一处非常有价值的遗址。鸽子山遗址地层明确，器物种类繁多，形态较稳定，制作技术也显成熟，其中的细石器制品属于“真正的细石器”，代表本时期华北细石器的最高水平。中美考古人员共同撰写了《中国北方中石器的新年代》，发表于剑桥大学出版的《古物研究》杂志上，将其时间确定为“旧石器时代晚期至新石器时代早期”，距今一万年左右，被誉为“中石器时代”考古的一次重大收获。

鸽子山遗址文化面貌有两个重要特点：一是大型打制石器与细石器共存，并在较短的时期实现了形态的转化；二是无论哪种石器，都表现出较成熟的制作技术。

鸽子山石器数量较多，分为普通石制品（即打制石制品）和细石制品，考古人员先后采集了2000余件标本，其中普通石制品占绝大多数。普通石制品以人工石片和各式刮削器为大宗，其文化内涵与水洞沟相比独具特色。

水洞沟石器的原料绝大多数为就近取材，多为硅质白云岩和少量粗石英岩，而鸽子山石器原料却来自数十公里之外，主要为各色细石英岩和细泥岩。以加工方法而论，鸽子山石器较水洞沟石器更为多样化，特别是一些双面打制的尖状器形体较大（长多在70毫米以上），且比水洞沟尖状器更加规范对称，个别的已具有梃（连接安装柄的部位）。这些石器中的盘状刮器和龟背状刮器，与同时代的虎头梁盘状刮器有某些相似之处，但数量则远不及虎头梁那么多。盘状刮器在中亚地区是旧石器时代晚期的典型器物，其外形与鸽子山的盘状刮器很相像。

鸽子山发现的细石器用料、质地都很纯细，以玛瑙、燧石和蛋白石为主，也有水晶（纯石英），这些细石器的加工方法较为先进，间接打击、软锤及压剥法普遍使用，通过指垫法技术产生剥痕清晰规整的石片、石核比较多见。石核多采用从四周向中心剥片，形成圆锥形、楔形或船底形石核，色彩艳丽，外形美观，这些石制品从加工方法到成品形制都可代表本时期华北细石器的最高水平。

1997 年至 1998 年，宁夏文物考古研究所与美国犹他州沙漠地质局、兰州大学等单位共同进行了贺兰山地理环境与考古联合调查。经过中外生态环境专家及考古学者实地调查，取得地质标本经物理测定，并结合考古材料对比论证后，基本认定贺兰山西侧的巴丹吉林、腾格里以及乌兰布和沙漠大约形成于 1.5 万年前后。

因为自然环境的改变，古人类的生产工具、石器文化类型随之发生明显变化。例如从大型打制石器为主，转变为细小工具（细石器）为主。在沙漠形成和扩大过程中，又逐渐产生了磨制石器，鸽子山遗址出土了较多的打磨石器。考古发现表明，由于生态环境变化影响了古人类生产、生活方式，也使古人类生存行为随之发生明显变化。这种趋势性变化在中国北方范围内贺兰山一带出现较早。

沙漠的形成和扩大还使贺兰山两侧的生物圈内涵发生较大变化，人类难以捕捉到体形较大的动物，猎取的动物资源失去了保障。单纯的狩猎已经不能够为古人类提供足够食物，在这种情况下，生活在贺兰山一带山地、沙漠边缘的古人类开始采集、加工植物及其种子。成熟的磨制石器逐渐成为人们得心应手的工具。

一系列研究结果表明，鸽子山遗址是我国迄今发现的为数不多的有确切年代的晚更新世末段的人类文化遗址。

考古人员用碳 - 14 测定，一万多年前，鸽子山地区拥有充足的水资源，为古人类提供了较为理想的生存场所。鸽子山石器具有华北地区旧石器晚期的“小石器”风格，器形及加工方法多种多样。鸽子山石器遗址的

鸽子山遗址上的庙山湖塔

全貌反映出它与中亚、西亚的一些遗址文化内涵相互渗透，显示出鸽子山在史前早期中西文化中的过渡作用，为探索远古人类的文化传播、人类迁徙提供了有用的证据。更为重要的是，鸽子山遗址发生、发展年代正处在考古界十分注目的“中石器时代”，特别是“中国的中石器时代”。

鸽子山遗址

2004年10月，在“纪念裴文中先生百年诞辰暨北京猿人第一个头盖骨发现75周年国际古人类学术研讨会”上，王惠民提出“贺兰山一带古人类一万年前已经开始采集、加工植物及其种子，远古人类的这一行为给以后农业的产生打下了技术基础。同时，这一研究还表明，由于这一时段区域环境变化，迫使古人类生活原料逐步由比较单一的狩猎向动植物多种资源化发展”的学术观点，引起专家们的关注。

活城、死城和花马池盐根

在以前，在花马池一带有很多盐湖，其中较大的盐湖有三个。奇怪的是，所有的盐湖只有花马池老湖的盐池有盐根，这里边有一段有趣的故事。

传说，康熙帝微服私访宁夏时路过安边城，被城里的一个富户给扣住了。半夜，康熙帝撬开窗户逃了出来，跑到一个沙窝时，迷失了方向。正不知所措时，忽见前面有灯光，以为遇到了人家，就想上前问问路。谁承想，他走灯笼也走，他停下灯笼也停下。不一会儿工夫，灯笼不见了，康熙帝抬眼一看，前面有座城池，上前仔细一辨认，到了定边营了。

康熙帝走近城门，正准备敲门时，城门打开了。进城一看，许多店铺已经开门营业。尤其是早点铺，包子、稀饭什么都有，定边城营里的硬早点——羊肉汤剁面香气扑鼻，大块羊肉让人眼馋。跑了半夜，康熙帝正饿着呢。他让店家称了一块羊肉，来一碗剁面，美美地吃了一顿。饭后，康熙帝在城里转悠了起来。那天正好是定边城的集市，从花马池、蒙地赶来做生意的人很多，熙熙攘攘，热闹非常。康熙帝看着人来人往、生意兴隆的定边城，心里想着，这是一座活城。

等到下午，康熙帝离开定边城，准备到花马池去。他心想只有六十来里路，骑马一会儿就赶到了。没想到，他刚出定边城不远就遇上了大风，风刮得人连眼睛都睁不开。康熙帝想，只要一直向西走就能走到花马池城。可是，走着走着就转进了花马池盐湖，康熙帝转来转去转了几个时辰，终于摸进了盐湖边上的一户人家。

早晨吃的羊肉，经过一阵折腾受了凉风，康熙帝的胃开始不舒服了。坐在这家的炕上，双手捂着胸口，头上直冒冷汗。这家的老人见状，连忙烧了一壶开水，又放一撮盐到壶里。一会儿端上一碗盐开水来。康熙帝喝了盐开水，感觉好多了，问老人这是什么方子，老人说："这是花马池盐湖的水。"康熙帝又问："这湖水里有什么，怎么还有盐根呢?"康熙帝金口玉言，一句"湖里有盐根"的敕封，使花马池盐湖的盐真的有了盐根。

胃不难受了，在老人的指点下，康熙帝继续向花马池城走去。由于在途中耽搁的时间长了些，等到花马池时已经是小半夜了。康熙帝上前敲城门，守城的士兵因风大没有听见，敲了很长时间也没人开门，康熙帝气得骂道："这真是个死城。"

从此，定边城人来人往，商贸繁荣，是个活城；花马池城经营萧条，居民稀少，是个缺乏生气的死城。而花马池盐湖周围大小十来个盐湖，只有花马池盐湖的食盐有盐根，正如故事里讲的，这都是康熙帝给封下的。

长城关楼一块砖

花马池城北的长城关，是明代长城防御体系中较为著名的一座关楼，说起长城关楼的修筑，还有一段故事。

当年，王琼督建长城关的时候，让齐之鸾负责具体事务。齐之鸾要负责把建长城关的用工、用料逐一写清上报，经朝廷核准后拨付银两，才能动工。为了慎重起见，齐之鸾找了两个精于计算的人，根据王琼提议设计的图纸，对用工、用料进行计算。这两个人在花马池城外的边墙上测来算去，计算出来的结果却相差较大。齐之鸾为难了：把预算多的报上去，将来一旦材料余下了，会遭到弹劾；如果报少的预算，关楼建不起来，那更是杀头的事。

过了几天，王琼到花马池巡边，同时询问关于建长城关的奏折是否报上去了。齐之鸾就把两份计算结果呈给王琼，并请王琼定夺。王琼什么话都没说，拿起两份报告回到花马池公署。两天后，王琼交给齐之鸾一份新的计算报告。齐之鸾一看大吃一惊，这份报告计算的结果比那份用料少的报告还要少许多，连每一根木头每一块砖放在什么位置都标得清清楚楚。齐之鸾疑惑地问："这点工料能修起来吗？"王琼肯定地说："一块不多，一块不少。"

齐之鸾按照王琼的预算报告向朝廷上了折子，不久之后报告和库银就批了下来。齐之鸾严格按照图纸和用料报告施工。半年后，长城关楼修好了，最让齐之鸾吃惊的是，整个关楼的用料和王琼计算的一样，一块不多，一块不少。

收工的时候，齐之鸾想和王琼开个玩笑，就有意让人在关楼最显眼的地方少砌了一块砖。等到王琼和宁夏巡抚胡东皋前来预验工程的时候，齐之鸾对王琼说："总督阁老，根据您的计算，现在短了一块砖。"王琼以为是自己算错了，他连忙拿过图纸，仔细一算，笑着对齐之鸾说："我算得不错，要么是你少拉了一块砖，要么就是你耍了什么心眼。"齐之鸾一听，对王琼佩服得五体投地，急忙让人把藏起来的那块砖砌到城墙上。

关楼建好后，王琼和胡东皋、齐之鸾一起登临关楼之上。王琼环顾四野，徐徐说道："关楼建在花马池城北的边墙上，花马池是喉襟要地，称作天堑也不为过。前人把边墙叫作长城，我们就把这座关楼叫长城关吧。"遂题写了"朔方天堑"四个大字，悬于长城关关楼之上。

康熙射猎花马池

康熙三十六年（1697）春，康熙帝御驾亲征叛军噶尔丹时，途经宁夏。走到安边的时候，宁夏总兵王化行（又叫殷化行）带领宁夏的官员前去迎接。王化行知道康熙帝出行非常节俭，从不铺张，可他酷爱打猎，每年都要到承德避暑山庄去打猎。就连他到盛京（沈阳）祭祖都要备办打猎用的弓箭、马鞍。

康熙帝到宁夏，王化行决定好好表现一下，在康熙帝面前留下个好印象。为什么王化行要极力地奉迎康熙帝呢？除了自身前途外，还有个原因。原来王化行原本姓殷，后来随了王姓。康熙九年，他以王化行这个名字考取了进士，现在他想恢复殷姓。按照清朝律令，朝廷命官是不允许随便更改姓名的。

王化行到了安边后，面见圣上，并奏请康熙帝："花马池草原茂密，野兔、山鸡很多，是个狩猎的好地方。属下已经安排好了，想请圣上您到花马池狩猎阅军。"康熙帝说："从宁夏到花马池，来回要七八天的路程，狩猎终究是一件小事，等征服噶尔丹后再说吧。"王化行一听，再也不敢吱声了，陪着康熙帝到了花马池。

在走到花马池境内，康熙帝一看，这里正如王化行所说，草原茂密，地势平坦，走几步就看到有野兔从身边窜出，要么就有野鸡被惊得飞了起来。康熙帝一路走，一路看，心里直发痒。

晚上，康熙帝一行在花马池城里住下。吃晚饭的时候，王化行看见御厨给皇帝端来的都是酸菜、韭菜等，连一丁点肉都没有，就奇怪地问侍卫："圣上吃得怎么如此清淡？"侍卫告诉他："圣上一般只吃素菜，要吃肉也都是自己打的猎物。"王化行一听，由衷地敬佩康熙帝。晚饭后王化行看到康熙帝的兴致很高，就邀请康熙帝到营外观看夜景。康熙帝和王化行一出营房，就把一窝野兔惊了起来。康熙帝一见兴致就来了，从侍卫手中要过弓箭，举箭就射，只听"嗖"的一声，箭出兔倒，一只大野兔被康熙帝射到了。

王化行一看康熙帝开始射猎了，忙让兵丁点火把，侍卫也牵来了康熙帝的坐骑、备好了弓箭。康熙帝在众人的簇拥下开始追逐射猎。康熙帝是一个马上皇帝，他骑马射箭的功夫都非常好，不一会儿就射下了许多猎物。最后大家怕皇帝累着，才以明天还要赶路为由，劝康熙帝回营歇息。随后的几天，康熙帝走到安定堡、兴武营的时候，天天晚上都要出去狩猎，并对王化行说："这是朕出京以来遇到的最好的猎场。"

九年后的一天，康熙帝在朝议上对大臣说："宁夏出兵之时，朕带领兵丁于鄂尔多斯、花马池、定边等处行围，每日杀兔数千。一日所获，可作兵丁几日干粮。朕于花马池地方，一日杀兔三百一十八只。"

王化行这次随驾在花马池狩猎后，给康熙帝留下了较好的印象。第二年，王化行向康熙帝写奏折要求恢复自己的本姓，康熙帝破例同意，从此，王化行恢复他的本姓，叫殷化行。

二道边的传说

明代长城，自西向东进入盐池县境内的兴武营后，分成两条，一条偏南过盐池县城北门向东而去，称之为头道边；另一条偏北，离县城三十余里，向东而去，称之为二道边。

相传，在明朝初年，为了保卫边疆安宁，朝廷决定修筑长城。宁夏至陕西这段长城由都御史杨一清督筑，他下令征调陕甘宁八府各卫九万多民夫参与修筑，工程进度要求“马跑多快，墙打多快”。

具体指挥工程的将官是个嗜酒如命的人，常常喝得酩酊大醉。当长城修至兴武营时，这个指挥官酒瘾发作，便悄悄地钻进兴武营城喝酒去了。待他酒足饭饱后，出兴武营城放眼一眺，边墙已修过去很远一段了。仔细一看，发现新筑的边墙向北偏了方向，糟糕，线路搞错了！酒鬼将官心中一急，酒醒大半。于是快马加鞭，沿着新修边墙的方向一路追去，一口气追了一百多里，才撵上筑边的民夫。

酒鬼将官不惜劳民伤财，把民夫拉回到兴武营，依照原定线路重新修筑。那一百多里修错了路线的边墙，人们后来称它“二道边”。

马踏井的传说

早先，兴武营古城外有一口水井，叫“马踏井”。井水很旺，汩汩地溢出地表面，忽向东流，忽向西溢，方向变化不定。当地的老年人根据多年水流方向的变化，总结出一条经验来：每到春季，水井溢出的水流向哪个方向，那个方向的收成就好，颇为灵验。当地人都认为，这是一口神井，并且有个神奇的传说故事。

相传，从前兴武营城下住着一个老头儿，以牧羊为生。有一天太阳快落山的时候，老头儿的羊群也快收圈了。忽然，从东面花马池方向驰来一匹红色高头大马，马上坐着一位身穿绿袍的红脸长须将军。将军到了老头儿跟前，勒住马辔问道："请问老兄，太阳落山前，我能到灵州城吗？"牧羊老头儿摇摇头说："太阳马上要落山了，我的羊群也要进圈了；灵州离这一百多里，要在日落前赶到，除非是神人神马！"

就在将军与老头儿说话的当儿，那匹马大概是赶路口渴了，只见它抬起碗口大的前蹄，在地上"嗵嗵嗵"地踏出一个深坑。霎时，坑内清凉凉的水就溢了出来，这匹马低头"咕咕咕"地喝了个够，然后"咴"的一声长嘶，驮着它的主人向西而去，眨眼就不见了踪影。

关羽像

牧羊老头儿不由得看呆了，半晌才醒过神。他忙蹲下身来，双手掬起一捧清水，喝了两口，又甜又美。这时，太阳已经落山，老头儿急忙将羊群收进圈，把这个消息告诉了兴武城周围的百姓。第二天一早，城里城外的人都来观看这口神奇的水井，品尝甘美的井水。牧羊老头儿给大家讲述了那位骑马将军的形象，人们纷纷议论，说不出那位将军是谁。这时，村里的一位百岁老爷爷缓缓地说："那是关公，他骑的马叫赤兔马，是匹神马！"人们听罢，恍然大悟。便一齐动手把那口井用砖箍了起来，并且取名

“马踏井”。

后来，当地百姓为了纪念关公赐水，就在兴武营城的城墙上建了一座关帝庙，庙内供奉着关公像，红脸长须，栩栩如生。据说，那天关公在日落时果然赶到灵州城。因此，在灵州城楼上也供奉着关公像和赤兔马。

花马池的传说

相传很久以前，今天的盐池与定边交界的地方有一条很长的川地。川里布满了大大小小的湖泊，就像天上的星星。其中有个湖泊特别大，湖水清洌，湖岸野草茂密。

有一年，一个盛夏的中午，住在湖泊附近的百姓突然发现湖边的草丛中有一匹色彩斑斓、扬鬃翘尾的花马。大家都以为是蒙古草原上脱缰而来

花马池广场

的坐骑呢。可是，这匹花马却可望而不可即，当人们靠近它的时候，它就一纵身跳进湖里。几个好动的年轻人甩掉衣服，“扑通、扑通”地扎入湖水中去捕捉。花马在水中龙腾虎跃。青年人也不甘示弱，奋力追捕，眼看要逮住了，忽听得“咴咴”长嘶，花马突然潜入湖底。小伙子们在湖水里浮上沉下，摸呀，找呀，折腾了半天，连花马的影子也没见。大伙儿惋惜地说：一匹骏马给淹死了！谁知第二天中午，花马又在湖边悠然自得地啃吃着青草，人们觉得非常奇怪。好玩爱动的小伙子们又去捕捉它，花马仍然潜进湖底。一连数日，天天如此。以后，人们便不去惊动它了，都说这是匹神马，任它自由自在地吃草喝水。

转眼冬天到了，花马吃得膘肥体壮，滚瓜溜圆。一天清晨，天空飘洒着雪花，湖面结了一层冰。忽听得花马一声长嘶，刹那间，湖面的冰层裂开，湖水“哗哗”地翻着水浪。花马一纵身跃入湖水里，水浪立刻平静，湖面又结上了白花花的冰层。从此花马再未跃上湖面，可水湖却变成了一个盐池。湖水天然结晶成盐，千百年来，取之不尽、用之不竭。由于那匹神奇的花马，人们便把这个大盐池叫作花马池。在池边修筑的城，就叫作花马池城了。

惠安堡的故事

惠安堡，位于宁夏盐池县西南一隅，虽只是一个仅有几千居民的乡级小镇，却是一个历经沧桑闻名于世的古堡。说起惠安堡的历史，比今日之盐池县城还要古老，就连“盐池”这个称谓，也是由惠安堡一地移到盐池县城的。

北魏郦道元著《水经注》中记载：“山东有三水县……县东有温泉……温泉东有盐池。”这里所说“山东”是指罗山的东边，“三水县”近年有人考证其址在今同心县红城水古城，“县东有温泉”指的是惠安堡西南约 10 里处的暖泉。“温泉东有盐池”指的就是惠安堡的盐池。这则史料表明，惠安堡这个地方在汉代时属于三水县，也表明惠安堡的盐池在北魏时已闻名于世了。

到了唐代神龙元年（705）的时候，朝廷在这里设置了温池县。之所以称温池县，是因为那时已将这里的盐湖称为“温泉盐池”，且这个名字已叫得很响了，所以才将县名定为“温池”。《旧唐书·地理志》卷三十八中记载：“温池，神龙元年置……燕山州，在温池县界，亦九姓所处……烛龙州，在温池界，亦九姓所处。”这段史料告诉我们，唐代不仅在这里设了温池县，而且燕山州、烛龙州两个州的治所都在这里（因两州辖地多为外族侵占，而建制未撤，故寄治于温池县）。还有就是，燕山州、烛龙州都是“九姓所处”。“九姓”是当年对西北一些少数民族的一种称谓，就是说那时这一带是少数民族居住的地方。

温池县属灵州（治今吴忠），唐大中四年（850）时，曾一度将温池县划归威州（今同心县韦州镇附近）管辖，后来又隶属灵州。温池县在历史上存在近 200 年，到五代时才被废弃了。

当年温池县城的旧址在哪里呢？如今已很难说清。因历史久远，旧城可能因被沙压水淹而搬迁变动，至宋代时此地又为西夏腹地，而西夏的历史资料又很少，关于温池县的资料更不可得，这就使温池县中断了历史的记忆，只能推测是在今天的惠安堡盐池周边一带。至今惠安堡盐池周边一带有“西破城子”“北破城子”“小盐池城（即今老盐池）”等几座古城遗迹，已不知它们是什么年代所筑的城池，其中之一可能就是古代温池县的古城址，也可能这几座旧城址都是温池县几经迁徙留下的遗址。

惠安堡在历史上最兴盛的时期是在明代。明王朝建立后，明太祖朱元璋有 26 个亲生子，其中有 9 个儿子封在东北到西北的边境为藩王，自东往西数过来依次是辽王、宁王、燕王、谷王、代王、晋王、秦王、庆王、肃王。其中庆王为朱元璋第十六子朱㮵，封国宁夏。洪武二十六年（1393），15 岁的朱㮵奉命“之国”，来到西北塞上的宁夏，先在离惠安堡仅 30 余里的韦州修建庆王府，并居之 9 年。明王朝为防御中国北部境内一些游牧部族的侵扰，在北方东起鸭绿江，西至嘉峪关，设立了辽东、蓟州、宣府（宣化）、大同、太原、延绥（今榆林）、宁夏（今银川）、固原、甘肃（今兰州）9 个边防军事重镇，合称“九边”，分别派大将统兵守御。惠安堡虽不是九边重镇，但地处太原、延绥、宁夏、固原、甘肃等几个重要边镇的交通枢纽之上，且惠安堡的盐业赋税是朝廷供边防买马、用作军饷的重要财政来源，所以很受国家重视。明代宁夏兵备道佥事孟霦曾说：“宁夏小盐池，乃天生自然之利，资穷边军需之用。”这里所说的小盐池，就是今天的盐池惠安堡。明代还有许多诗人吟诗作赋，对这里称赞有加。如宁夏都御史冯清有诗《盐池道中》曰：“南薰摇宪节，暑雨袖生凉。绝寒烽烟净，新恩雨露雱。双明随野色，一碧湛天光。景象呈佳丽，诗成兴未央。”又有诗《盐池》曰：“盐池几方许，经始不知年。天地自然利，军民无种田。征输宜减薄，奸弊贵穷研。调鼎仍凭藉，谁云祗实边。”

因盐之重要，官方自然要在产盐的地方设立管理机构。在盐池北边十余里的地方有一座城堡（即今老盐池），那时就叫盐池城。又因惠安堡盐池那时称小盐池，所以这座城也称小盐池城。这里明代时隶属灵州，为灵州盐池千户所，并且是交通驿站，故又称盐池驿。盐池千户所设灵州盐课

玉皇阁

司、巡检司等盐业管理机构。

那时的盐池城虽邻近盐湖，但毕竟离盐湖还有十几里路程，不在盐湖边上，总有管理不便。后来官方就将这些盐业管理机构设置在盐湖东岸的居民点。明嘉靖六年（1527），宁夏都御史翟鹏上奏朝廷，在这个地方筑起了一座新城堡。明代的新城堡一般都以堡长或当地屯兵长官的名字命名，或许当时这座新筑城堡的堡长名叫“惠安”，或许当时当地屯兵的长官叫“惠安”，于是这个城堡就被命名为“惠安堡”。这就是说，惠安堡这个古堡至今也有约500年的历史了。《嘉靖宁夏新志》中就明白地记述道：“初无城郭，今有之，名惠安堡。二司（指灵州盐课司、巡检司）皆在于内。清代宁夏设有盐捕厅，在惠安堡驻宁夏府盐捕通判，司盐务。”明万历三十三年（1605），都察院右副都御史、宁夏巡抚黄嘉善主持将惠安堡“甃以砖石固之”，就是在城墙外又砌上了一层砖，使之更加坚固。

“堡”指四周有城墙的村庄或镇子。史料记载惠安堡“城周二里四分”，和今天我们能看到的惠安堡城遗址是相符合的。《嘉庆灵州志迹》对于惠安堡城堡有这样的记载：“门二道，门楼二座，南北敌台三座。”据当地老年人回忆，城堡有南、北二门，北门有瓮城。旧时，在南、北城门楼上都建有庙宇。北门约三丈高的城门洞上方建有“玉皇阁”，门洞西侧砌有二十八级石台阶，留有正门和转折门。转折门用砖砌成，上边镌刻着“云霄门”三个大字。玉皇阁为上下两层殿阁，下层殿阁为娘娘殿，上层殿阁为玉皇大帝殿。南门城门楼上为“火神庙”，城南有“关帝庙”（财神庙），城西有“盐神庙”，其他各处还有城隍庙、文庙、文昌阁、魁星楼等众多庙宇。

到了民国初年，袁世凯北洋政府下令撤州置县。1913 年，将原灵州花马池分州改置盐池县，县治设于花马池城，并将原花马池城改称盐池城，还将原属灵州管辖的小盐池划归盐池县。“盐池”这一地名称谓，也就由小盐池（今惠安堡）移到了花马池。当地人习惯将旧的、原来的事物称作“老”，于是将原来的“盐池”改称为“老盐池”，并沿用至今。

1936 年 6 月，中国工农红军西征时解放了盐池县的大部分地区，建立了工农红色政权——盐池县苏维埃政府，成为陕甘宁边区的一部分，属陕甘宁边区三边分区。但盐池县还有惠安堡、萌城一带没有解放，仍为国民党统治。国民党宁夏省主席马鸿逵本来就觉得自己统治的宁夏省地盘太小，县份太少，不甘心丢掉任何一个县。于是，他又在惠安堡、萌城一带地区设立了一个“盐池县”，国民党的盐池县政府就设在惠安堡的财神庙内，与苏维埃盐池县政府对峙。这样一来，在盐池县这块地盘上就有了两个“盐池县”政府，一个共产党领导的“红色盐池县”，一个国民党统治的“白色盐池县”。群众称之为“一个是红区，一个是白区”。惠安堡虽然成为国民党盐池县政府所在地，但这个“县”实在太小。1940 年，马鸿逵又决定将同心县下辖三地（马关、韦州、红城水）、罗山西坡的关口湾和金积县的红寺堡划归国民党盐池县管辖。

惠安堡镇位于宁夏盐池县西南部，地处鄂尔多斯台地向黄土高原过渡地带，地势东南高、西北低。辖境东北靠本县大水坑镇，东南邻本县麻黄山乡，南依甘肃环县甜水堡镇，西接宁夏同心县韦州镇，北连本县马儿庄乡境，南北长 60 余千米，东西宽 30 余千米。惠安堡古城自 1527 年筑成，历经了 400 多年的沧桑岁月一路走来。1948 年 8 月，人民解放军解放了惠安堡，成为盐池县六区政府所在地。1958 年公社化时，一部分划归马儿庄公社，其余地域构成惠安堡人民公社。1963 年，公社驻地搬迁到隰宁堡，改称隰宁堡公社。1967 年，隰宁堡公社改称红星公社。1969 年，公社机关搬回惠安堡，复名惠安堡公社。1976 年，公社规模调整，将一部分地域划出成立萌城公社。1983 年年底体制改革，将惠安堡公社管理委员会改为惠安堡乡人民政府。1993 年 9 月撤乡设镇。2005 年合并乡镇，又将萌城乡并入惠安堡镇。惠安堡镇是一个以农业人口为主的乡级建制镇。全镇地域面积 1393 平方千米，辖 13 个村民委员会共 110 个村民小组，一个社区。据 2006 年统计数字，总人口 5593 户、20904 人，其中回族人口 550 户、1181 人。回汉民族杂居，世代友好相处，早已传为佳话。如今，惠安堡是宁夏盐池县惠安堡镇人民政府所在地。

盐池的来历

宁夏盐池县以盛产池盐而得名，古代在不同时期曾属灵州、盐州、盐川郡等，历史上又有温池、花马池等称谓，皆与县境内多盐湖有关。

新中国成立以来，由于行政区划的演变，所属盐湖有的划归内蒙古自治区鄂托克前旗，有的划归陕西省定边县，而盐池县只剩下惠安堡一处盐湖了。但令人遗憾的是，今日这一处仅有的盐湖，也因地质、气候的变迁和不正当开采等诸多原因，逐渐变得产量低、质量差，终于在 2000 年 8 月被盐池县政府批准“改制”而关闭，给书写了 2000 多年的“盐文化”篇章极不情愿地画上了一个蹩脚的句号。

盐湖，又称盐池，即产池盐的湖泊。惠安堡盐池，是宁夏盐池县惠安堡镇西不足 2 千米处滩地上的一座盐湖。该地古名凤凰台，相传曾有凤凰在此落过之后便成为湖泊，故民间又将这座盐池称为“凤池”。该盐池由南、中、北三个咸水湖相连而成，南北长约 5 千米，东西宽约 4 千米，总

制盐

面积约 20 平方千米。湖东岸靠惠安堡镇，南接荒漠，西边和北边均靠沙边子（即沙漠的边沿地带）。

惠安堡盐池历史悠久。在古籍《汉书·地理志》和《水经注》中，就已有了关于这座盐湖的记载。盐业在中国古代是国家重要赋税来源，所以备受朝廷重视。从汉代开始，就实行“盐铁官营”的制度，也就是说盐和铁这两样东西必须由国家来管理经营，可见盐和铁在古代的重要地位。《汉书·食货志》中记载，西汉元封元年（前 110），朝廷就在这里“置盐官，主盐税”，说明那时朝廷已对这里的盐业相当重视。

《元和郡县图志》卷第四“回乐县”条下记载：“温泉盐池，在县南（指回乐县）一百八十三里，周回三十一里。”回乐县是唐代灵州所在地，即今宁夏吴忠。而温泉盐池，即今天的惠安堡盐池。古人之所以把这座盐湖称为“温泉盐池”，可能基于两个方面的原因：一是古人为事物命名多以就近的显著事物或地貌特征，这座盐湖附近有一处温泉（又称暖泉），于是就以“温泉”为盐湖命名；二是湖水因含矿物质而冰点低，冬季不易结冰，科学不发达时代的人们误以为这是湖水本身的“水温高”，直呼其为温泉盐池了。

《新唐书·食货志》记载：“唐有盐池十八……盐州有乌池、白池、瓦池、细项池，灵州有温泉池……”可见在唐代，惠安堡盐池（“灵州有温泉池”）已是驰名天下了。据《唐会要》一书记载：（温泉池）“置榷税使一员、推官两员、巡官两员、胥吏三十九、防池官健及池户百六十五户。”从这一记载的数据可以推测，“池户”（又称盐户，中国旧时制盐的民户）一百六十五户，采盐工当不少于三百人，产盐量会在十五万石〔音 dàn，计量粮食等物的容量单位，1 石为 10 斗，1 斗为 10 升，1 升为 10 合（音 gé）等。每石粮食重量约 500 市斤〕。

五代十国时废温池县，但温泉盐池的名称仍沿用下来。北宋建立不久，党项族割据今宁夏、陕北地区及内蒙古和甘肃部分地区，建立了西夏国，与宋朝对峙近 200 年。这一时期惠安堡所在的地方沦为了西夏之地，这里的盐池就为西夏国所控制了。人们可能已认识到盐湖之水并非“温泉”，不再称“温泉盐池”，而是直呼其为“盐池”了。就连修筑在盐湖北边约 15 里处的一座城堡（今老盐池城），也被称作“盐池城”。

西夏国所占据的今宁夏、陕西北部及内蒙古部分地区有多处盐湖，故产盐甚为丰富。但北宋对西夏采取经济封锁政策，禁止西夏盐运入宋地经销，敕令关陇（陕西关中、甘肃陇东）一带的民众都食用山西解盐，即山西省运城县东南的解池出产的食盐。北宋庆历四年（1044），北宋西夏议和，根据双方签订的条约，宋每年“赐”给西夏大量的物资，西夏对宋称“臣”。西夏国提出要每年输往宋地食盐10万石，但宋朝仍不允准。而在民间，由于解盐运输路程远而售价必高，关陇一带民众多有不顾禁令而暗中购买食用西夏之盐者。这样一来，惠安堡一地所产食盐就大量销往今陕西关中、甘肃陇东等地。直到元朝统一中国后，朝廷下令“以黄河为界听民用之”，即黄河以东民众可食用解池盐，黄河以西的陕西、庆环（甘肃庆阳、环县等地）一带民众均可食用温泉池等地池盐，此举深得民众拥护。

明、清两代是惠安堡盐池最昌盛的时期。明朝廷以这一地区的盐税收入为西北军事费用的主要支柱，所以无论朝廷还是地方，都对于盐业生产十分重视。清代虽不以北部边防为重，但盐税作为财政收入的重要方面，仍极受官方重视。

从明初开始，惠安堡一地的盐池被称作“小盐池”或“花马小池”，这里所产的盐亦被称作“小池盐”，以区别花马池。位于今宁夏盐池县和内蒙古鄂托克前旗交界处有座北大池，古代叫作花马池，是一座较大的盐湖。花马池附近的一座城堡，也就叫花马池城了。花马池城是一座重要边关城堡，但因在长城之外，没有安全保障。明代天顺元年（1457），将该城由长城外迁到长城之内今天的盐池县城这个地方，仍叫花马池城。这样一来，就把原来的花马池盐湖叫作“北大池”，而将位于今天盐池城和定边城之间的盐场堡盐湖改叫作“花马池”或“花马大池”。为了不和惠安堡的盐池混淆，就给惠安堡盐池前加了一个“小”字，称为“小盐池”或“花马小池”了。

明洪武二年（1369）在小盐池城设立灵州盐课司，主要管理花马大池、花马小池，并代管漳县、西和（俱在今甘肃境内）两处井盐。据《明史·食货志》记载，该盐课司从成立到弘治年间，每年盐课（即盐税，政府对食盐的产、制、运、销所征收的捐税）额为三百五十多万斤，其中西和、漳县井盐仅六十多万斤，而大、小花马盐池池盐多达二百八十多万斤，占总数的81%。

明弘治十三年（1500），宁夏巡抚王珣为了加强军事防御，将小盐池旧城拓展修筑，驻兵防守并设驿递（旧时传递信件、消息的机构，相当于今邮政机构）。到了明嘉靖年间，为了加强和方便盐务管理，特在盐湖东畔修筑了一座新的城堡，将盐课司移驻新城堡之内，这就是惠安堡城了。

到明万历年间，灵州盐课司岁办盐课由原来的三百五十多万斤增加到了一千二百五十多万斤，所增加九百多万斤基本上都是大、小盐池增产。按明代盐法，盐课以引（宋及以后历代政府给予商人凭以运销食盐的专利凭证，相当于分配指标）为计算单位。商贩购盐须先领取引目（引的数量），然后拿着引目到盐池购盐。无引之盐则被视为“私盐”。当时还在距盐池城南九十里处的萌城驿专门设立“批验盐引所”，因萌城正位于小盐池通往关陇的交通要道上。嘉靖三十四年（1555）以前规定每引为四百斤，俗称“大引”；以后改为每引二百斤，俗称“小引”。但旧时盐业交易很“大方”，并不“斤斤计较”，所以古代盐业交易中往往不是以重量论而是以体积论，即不是论“斤”买卖而是论“升”、论“斗”买卖。

升是容器，是用来计量体积的。一般用以计量粮食的多少，每升米谷重约五斤。因盐的比重大于米谷，故每升盐的重量则大于五斤。又有“平升粮食尖升盐”之说，即用升来计量粮食时，将粮食盛入叫作“升”的容器，以与升口齐平为一升；而计量食盐时，则不仅将升盛满，还可尽量凸出升口“堆尖”，直到无法再堆放为准，所以一升盐名为五斤，其实远多于五斤。十升为一斗，十斗为一石。每引可购盐一石，即十斗，有时多至一石五斗。这就远远超过了“每引二百斤”或“每引四百斤”，足见盐业交易中的“大方”。据正德元年（1506）统计，小盐池盐课为三万三千一百五十引（当年新增三万引），到嘉靖八年（1529），小盐池又增盐课二万二千四百十七引，产量比明初增加二十多倍。惠安堡盐业生产在明代时的繁荣景象可见一斑。

明代大、小盐池之盐税收入多用于边费开支，购买军马、当年的军

量盐容器

饷、修筑长城、防秋（秋季防御，古代中国北方的匈奴、突厥、鞑靼等少数民族，往往在秋高马肥、草长粮熟的季节大举南犯，掳掠牛羊及粮食。故朝廷每年秋天都要采取一些防范少数民族入侵的措施，称为防秋）等项军费开支。例如《皇明世法录》记载："（嘉靖）十四年，题准灵州小盐池额盐三千一百零五引，专供花马池一带修边支用"，"嘉靖三十四年奏准，（小盐池）收贮银两，于年终解送花马池粮衙门交收，专备防秋用。"从这些记载可以看出，小盐池对明朝财政的贡献是很大的。明庆王府长史周澄曾写了一首题为《盐池》的五言诗赞美小盐池，诗曰："凝华兼积润，一望夕阳中。素影摇银海，寒光炫碧空。调和偏有味，生产自无穷。若使移南国，黄金价可同。"诗中说小盐池之食盐若运到南方，价比黄金。这当然是诗文夸张的手法了，但夸张也正是为了说明盐的价值之高。清代扬州盐商富可敌国，就很能说明食盐在"南国"获利之重。

清代前期，花马小池的盐业得到了进一步的发展。《嘉庆灵州志迹》中对这里盐池的记载也更为具体："宁夏盐捕厅灵州花马小池，产盐地方周围三十六里零。池设有壕墙，按年疏筑，限隔内外。”这里所说的“壕墙”，是一道沿着盐湖东岸修筑的堤埂，南北长约七里，址厚约五丈，高约一丈，顶宽约五尺。堤埂用沙蒿柴和泥土混合筑成，工程量大，每年都要进行检修，其用途是防御暴发的山洪淹毁盐田。壕墙的中间建有砖石砌成的门洞一处，俗称“盐门洞子”，高约三丈，是专门防止食盐走私而设，规定所有运盐的“脚户”都必须经盐门洞子出入，验票放行。盐池壕墙至今尚在，而盐门洞子于民国年间已倒塌，今天我们只能看到有一土丘。

《嘉庆灵州志迹》详细记载了花马小池的产盐及税收情况：“旧盐井二百眼，额坝夫二百名，征纸价银五百二十二两三钱四分，工食银二千四百五十七两六钱。捞盐六万一千四百四十石，引六万一千四百四十张。征课银一万三千二百四十两二钱二分。又于雍正六年，在‘盐井增添’案内查出新井二百零二眼，共四百零二眼，额坝夫四百零二名。”

清乾隆元年（1736）起，朝廷在惠安堡设盐捕厅，衙门在西城，设置盐捕通判，正六品（比县官高一品），管理民事与盐务。

盐业的发展带来经济的繁荣。清朝前期的惠安堡城内，街道齐整，人烟稠密，商贾云集，市场繁华，一派升平景象。到了同治年间（1862—1874），西北爆发了回民起义，朝廷调集大军镇压，到处都是血与火的战场。惠安堡地处交通要道，首当其冲饱受战争的摧残。800 多户盐民死的死，逃的逃，十室九空，盐业生产全部陷于停顿状态。到了清光绪年间（1875—1908），逃亡的人口开始陆续返回。光绪末年，惠安堡全堡又有了居民 246 户、1233 人，但盐民不过四五十户。《光绪灵州志》记载：“因人烟无多，销售不广，且盐务既不归州，又无商人承办，刻下尤能销引若干，征课若干，州中无案可考。”可见这时惠安堡盐业萧条之景象。

民国初年，惠安堡共有居民近二百户，其中有盐民六七十户，经营者都是汉民，年产盐约3千吨。盐民世代以捞盐为生，有的兼搞农业及卖柴、卖水等副业，一般都能维持生活。其时，惠安堡盐池的名字渐渐代替了花马小池的称谓。

民国十八年（1929）宁夏省成立，当年12月成立宁夏榷（专利、专卖）运局，管辖烂泥池、苟池、北大池、定边、惠安堡、中卫、红盐池（在阿左旗）、同湖池（在阿左旗）、叶盛9个盐税分局。

陕甘宁边区发行的纸币

1933年，马鸿逵任宁夏省主席之后，为了加大盐税征收力度，在花马池（今盐池县城）设一等盐务分局一处，管辖定边、北大池、苟池、烂泥池四个三等盐税分局和倭波池一个运放分卡；在惠安堡设二等盐税分局。当年统计，惠安堡局收盐三万四千三百二十四担（每担一百市斤），销盐二万七千二百五十七担零四十斤。据民国《宁夏资源志》记载：惠安池产盐地八十八平方里，年产量为二万五千担，即一千二百五十吨。

1936年，红军西征解放了盐池县大部分地区，所辖盐池遂归陕甘宁省（后为陕甘宁边区）管辖，只有惠安堡盐池仍归国民党宁夏省惨淡经营。由于历经年久，多数盐井倒塌沙压，中、北湖几乎全无盐井，仅南湖尚有二十多眼残缺不全的盐井。捞盐也只能在中湖和南湖两处。

1949年8月，惠安堡解放，盐湖回归人民政府，遂成立了惠安堡盐务支局，直属宁夏省盐务局管辖。1953年，经中央人民政府和西北局批准，将宁夏三边盐务分局所辖的盐场堡（花马大池）、烂泥池、莲花池等均交定边县管理，从此盐池县仅剩下惠安堡一处盐池。

盐池县县城北、东、西南分布着大小二十余个天然盐湖，因此得名“盐池”。

地名概览

古地名

秦渠 秦渠是吴忠市最大的引黄干渠。渠名之由来，众说不一。《中国之水利》中写道：“秦始皇三十二年（前215），使将军蒙恬将兵三十万，略取河南地徙民实朔方，号曰新秦。是为垦殖套地之始，……其流传至今而万废者，则有宁夏之秦渠。”而《中国水利史稿》认为，说秦渠为秦始皇时创开“系属误解”，秦渠和宁夏现存的汉渠、汉延渠，可能兴建于汉代。而《宁夏平原渠名考》则认为“秦渠系唐朝时期七级渠音转而来”。究竟哪一种说法正确，还有待于进一步考证。秦渠渠口始于青铜峡市青铜峡镇拦河坝，全长55千米，吴忠市境内流经长度19千米。

秦渠

汉渠 汉渠位于吴忠市老灌区南部，系吴忠市第二引黄干渠，始建于汉武帝元朔二年（前127）。以朝代命名。汉渠渠口和秦渠渠口为一个，总长度为44.14千米。渠首流量40.8立方米/秒，灌溉面积21万亩。

汉渠

富平 银川平原设置最早的县城。秦始皇三十三年（前214）派大将蒙恬“西北斥逐匈奴，自榆中并河以东，属之阴山；以为四十四年，城河上为塞”。富平县为该时期蒙恬所置，属北地郡，在今吴忠市境内西南。汉时仍承秦制，这时候北地郡辖十九县，银川平原共有四县：灵武、廉县、灵州、富平。吴忠市分属富平、灵州。魏晋南北朝时，北魏刁雍为薄骨律镇将，曾上表凿开艾山渠，表曰“富平西三十里，有艾山，……”这里指的汉代富平故城址，在当今吴忠市境的关马湖农场附近。1976年以来，在关马湖农场二队，曾发现古汉墓200座左右，发现大量的“五铢”钱币及其他随葬品，同时在该地的沟渠坝上发现大量纹饰瓦片、碎砖与器物残片等。这说明此地在汉代曾是比较大的居住区，和历史文献记载富平县址相符合，这里西至青铜峡的距离也正好是近30华里。公元141年，北地郡富平县治迁往冯翊（今陕西大荔县），后迁至怀德（今陕西富平县）。

吴忠堡 曾为吴忠镇，也是银南行署、吴忠市人民政府驻地。在宁夏回族自治区首府——银川市南59千米处。建于明初（约1384—1510）。属灵州守御千户所，以其屯长命名。雍正三年（1725）改千户所为灵州，属宁夏府。吴忠仍之。在堡内设社学一。有市集，每逢三、六、九日交易。由于该堡所处的地理位置，又是水旱码头，因而以后又迅速地发展起来，成为西北重要的商品集散地之一。民国时仍属灵武县，1913年置镇。1949年9月21日吴忠解放，仍属灵武县。1950年置市，市政府驻吴忠镇。原镇内古迹较多，如钟鼓楼、西塔寺（兴教寺）、玉皇阁等，在1958—1963年先后被毁。

滨河新村

枣园堡 现为吴忠市利通区板桥乡。在吴忠市区西6千米处。魏晋南北朝时，该地为赫连勃勃所建夏（407—431）的果园地，因枣树较多而名。明时（具体时间待考）建堡。属灵州守御千户所。清初仍之。同治年间为回民起义据点，后战毁，地名仍存。

金积 在吴忠市区西南8千米处。以堡命名。民国初（1913）置堡，属朔方道，后道改宁夏省，亦属。1949年9月21日解放，仍为县，属宁夏。1955年宁夏省撤，改属甘肃省吴忠回族自治州。1958年10月宁夏回族自治区成立，随属之。1960年县撤为镇，属吴忠市（少部辖地划归青铜峡市）。

三关 古时叫“西关门墙”，修筑于明嘉靖十年（1531），自大坝（今青铜峡县境）至三关口（今银川市西），长40千米。三关古长城全部用土版筑，外表未用砖包，今大部分保存尚好，是驰名世界的明万里长城的重要组成部分。

预旺 古城距同心县城72千米，位于同心县东南部。预旺古城是元代中期为元豫王阿剌忒纳失里所修筑。该城有东、南、北三门，其中北门尚存，东、南二门已毁，城内保留一座钟鼓楼。鼓楼东西南北门洞上方分别刻有“宾口”“洛成”“观讹”“乐易”的字样。预旺古城曾经是西征红军指挥部，著名的美国记者埃德加·斯诺和美国医生马海德（乔治·海德姆）在预旺曾受到彭德怀、聂荣臻、左权、朱瑞等红军领导人的欢迎。斯诺在预旺发表了演讲，并写了《西行漫记》一书。红军还留下了许多的革命标语。近年来引起了国外客人的追访。预旺古城既是西征红军的大本营，又有西北黄土高原的独特风景。

庙山湖 贺兰山绵延不绝，余脉向南延伸，如蛟龙盘伏于大漠之上。山色青黛，大漠雄浑，天地造化，就在这山脉东侧的大漠之上，竟有一处宝地，泉水喷涌而出，不因天旱而枯涸，不因雨涝而增大，日日夜夜，涌流不息。雄奇苍凉的青山大漠，因为这泉水而有了许多神秘与妩媚，添了几分生机与秀色，这就是庙山湖。

古　迹

百年董府 董府，又称“宫保府”，坐落在吴忠市金积镇露田洼子村。距吴忠市区17千米，距今约有百年的历史，是全国重点文物保护单位。董府始建于光绪二十八年（1902），落成于光绪三十一年（1905）。被清王朝罢官免职的董福祥带着朝廷赏赐的纹银4000两，亲丁3000人到此地购买了郭姓举人一片池塘和耕地，历时3年，用工300万，耗银10万两，耗粮

500万斤，才建成工程浩大的董府。董府的主体建筑气势宏大，做工精湛，具有皇家宫廷建筑和宁夏民族建筑相结合的特点，充分表现出我国唐代以来以中院为中轴线，左右对称的建筑风格。董府由内寨、外寨、护府河和主体建筑群四部分组成。随着岁月的流逝，现在只有内寨和主体建筑犹存，其他建筑都在动荡不安的历史岁月中消失了。

董府平面近似方形，四周夯土筑墙，占地约3.465万平方米，东西长115米，南北宽105米，基宽12米，高8.5米。内寨沿袭了宫廷建筑“三宫六院”的布局，坐西朝东，中间是一进二院，主体建筑为一悬顶重檐两层楼阁，前后左右配以门楼、厢房、影壁、回廊等，雕梁画栋，富丽堂皇，为典型的清廷宫殿式建筑。

董　府

马月坡寨子　位于市区东南一隅，是吴忠知名回族商人马月坡私宅，建于20世纪20年代末期，距今已有80年的历史。寨子原占地8100平方米，由护寨河、寨墙和三套土木框架结构的三合院组成。马月坡寨子是宁夏目前唯一幸存下来的回族居民建筑，2005年1月被自治区人民政府公布为自治区级文物保护单位。现在仅存的三合院是当时马月坡和他两个妻子的住所，采用土木框架式，先用木质的立柱、横梁构成房屋的骨架，后在梁下砌以土坯墙，榫处理合理，斗拱运用恰当。尤其是运用挑梁减柱法，巧妙地运用三角支撑原理，既实现了力的转嫁，又节省了立柱，还不影响采光，可谓一举三得，堪称回族民居建筑设计的精华。院落平面呈长方形，占地面积610平方米，院内有上房7间，东西厢房10间。上房和厢房正面为传统的立木前墙，双开扇刻花板门，“回”字格宽大棱窗，窗台下饰长方形雕刻，垂檐、门窗和院内墙面均为木雕和砖雕，图案有五“蝠”捧寿、梅、兰、竹、菊等。云板、横梁、挡板等构件皆为雕花，雕刻内容完全不同。砖雕木刻都保持本身的青灰色和原木色，不施彩绘和油漆，体现了回族人民喜爱淡雅清静、崇尚自然天成的理念。

马月坡寨子

清真南大寺　南大寺是吴忠市区最早开放的一所清真寺院，位于吴忠市繁华的商业区清真食府内，始建于清光绪七年（1881），在光绪十四年（1888），进行了第二次翻建。新中国成立后，随着居住人口的增多，进行第三次翻建。1958年宗教制度民主改革合坊并寺时，南寺保留。“文化大革命”期间，南寺停止了正常宗教活动。1979年，通过落实党的宗教政策，南大寺被占房产退还给该寺，并被确定为市级文物保护单位开放使用。1998 年和 2003 年南大寺再次翻建。

兴教寺 位于吴忠市区裕民西路丰宁巷。地段繁华，占地 5000 多平方米，常住僧人 4 人。始建于清光绪九年（1883），有大殿、配房、斋房、素食处及十三层砖塔一座，高 40 米，1958 年拆毁，1980 年重建。主体建筑分上、下两层，上层大殿供奉如来佛，下层为三殿，中殿供三世佛。南配殿为百子观音，北配殿供奉轩辕黄帝。农历四月初八和七月十五为庙会。

兴隆寺 位于吴忠市区兴隆巷内，占地面积 7500 平方米。殿堂有：大雄宝殿、斋堂、寮房、洗浴间、观音殿、天王殿、地藏殿、念佛堂、10 级 9 层多宝塔。常住僧尼 4 人。护法居士 2 人。兴隆寺始建于明朝洪武年间，“文化大革命”期间被破坏，宗教政策恢复后进行了修缮。

同心清真寺 位于同心县旧城西北角的高地上，是宁夏现存历史最久、规模最大的清真寺之一。相传建于明万历年间（1573—1620）。同心清真寺外形与内地的不一样，它像是一座城楼，其实是寺院的主体建筑（礼拜大殿、邦克楼等），修建在一个高为 10 米、面积 3500 平方米的砖砌台座上。台座东向为寺院大门，门前有精致的砖雕“月挂松柏”照壁，大门上面台基上，耸立着轻巧秀丽的两层四角攒尖顶的邦克楼。邦克楼的北边，坐西向东的礼拜大殿，是一座单檐歇山顶的宏大建筑，由一个卷棚顶

同心清真寺

和两个歇山顶前后勾连而成，面阔五间，可容纳七八百人。同心清真寺独特的建筑形式是宁夏地区多民族和睦相处，进行文化交流的结晶。

广　场

盛元广场　位于吴忠市新区中心地段，投资4000万元，占地面积近10万平方米，绿化面积31763平方米，占总面积的32%。广场设有大型水幕电影、一座直径66米的音乐喷泉，两座直径18米的音乐喷泉，两个休闲娱乐广场、两个文化活动广场、12根浮雕柱、水系跌水、记事碑、绚丽多彩的夜景、总控室等。广场大面积采用3厘米厚的天然花岗石；绿化人行道采用2厘米厚的天然六角花岗岩；4米路采用高分子环保环氧树脂、彩石路面，3米路采用南京雨花石铺面。水系小桥桥面采用雨花石铺面，护栏采用天然汉白玉栏杆。

盛元广场

开元广场 位于老城区利通街中心地带，原名街心广场。吴忠自古被称为“水旱码头”。清末民国时期，在现广场中心——钟鼓楼周边，商号、当铺、银楼遍地。如裕泰当铺、义升当铺、兴盛当铺，祥泰魁商栈、德茂隆商栈，祥泰元商号、庆泰和商号、福成源商号、天泰裕商号、泰祥成商号、源兴魁商号、银楼等。新中国成立后这里依然是吴忠商贸核心区。2008 年，地级吴忠市成立 10 周年之际，市委、市政府拆危楼，拓广场，更名为开元广场，昭示吴忠要续接历史商脉，畅通物流，繁荣市场，提高人民生活水平，推动吴忠经济社会跨越式发展。

开元广场

秦韵——休闲广场 位于吴忠市区胜利东路与文卫街交叉口，依秦渠。“秦时明月汉时关……”王昌龄的这首诗脍炙人口。明月晖晖，秦水悠悠，九曲入河，泽民润土，千年桑梓，逸闻神韵。

公元前 214 年，秦始皇派兵“北筑长城而守藩篱却匈奴七百里”，在宁夏设置 44 个县，成立北地郡，首次在黄河东岸修筑长百里的北地东渠，即今秦渠。据《宁夏府志》记载：秦渠长 150 千米，流经吴忠的秦渠乡、板桥乡，灵武的郭家桥乡、郝家桥乡、杜木桥乡，于灵武北注入黄河。秦水汤汤千年流不断，秦月皎皎照古又鉴今。新月初秀，青光婆娑，透示着伊斯兰文化的浓烈情韵。

秦韵广场是中华民族文化与回族文化融为一体的印象塑造，也是黄土高原与黄河文化千百年童话的余韵嬗递，更是吴忠各族人民和谐娱乐休闲的场所。

新月广场 南邻开元大道，北依滨河大道与黄河交融掩映。广场总面积为151677平方米，其中绿化面积99451平方米，铺装面积37752平方米，建筑面积2974平方米，水体面积11500平方米。

新月广场

新月广场以一条宏伟壮观的中心景观大道形成广场中轴线，将两馆一中心（博物馆、文化艺术馆、伊斯兰文化中心）、滨河大道和美丽的黄河景观融为一体，中轴线两侧采用了自由式和规则式相结合的方式，统一中又富有变化，将场区划分为大小有致的多变景观空间，形成了诸如儿童活动中心、老年人活动中心、青年活动中心、婚庆广场等个性场所，为举行庆典活动、旅游观光、市民游乐等提供了适宜的灵动空间。

新月广场设计理念超前，从植物材料、铺装材料及其他景观小品的选择及设计都符合吴忠地区的地域特色及实际要求，广场综合功能完善，规划分区清晰，民族文化特色鲜明，建筑景观小品别致经典，植物景观层次丰富，水体形式多样，生动活泼。从整体看，新月广场既有气势恢宏的中轴景观和匠心独具的主题雕塑，又有曲水流觞、步移景异的灵动空间。

新月广场的建设，为城市发展创造了新的良机，为提升城市面貌打造了又一景观名片，为全市人民休闲娱乐增加了又一景观场所，已成为广大市民休闲、娱乐、婚庆及旅游咨询的开放性市政广场。

位于市中心的新月美食广场是吴忠市为繁荣民族经济，弘扬回族饮食传统文化，打造的一个集展示、批发、零售、品尝为一体的商业广场。

唐风——演艺广场 位于盛元广场西侧。文化灿烂，历代都有著名诗人吟唱，从先秦到唐、宋、明、清；从《诗经·小雅》到杜甫的《近闻》、王维的《使至塞上》、李益的《夜上受降城闻笛》、白居易的《城盐州》、范仲淹的《劝农》、朱栴的《汉渠春涨》、俞益谟的《紫金晓雾》，无处不昭示着吴忠深厚的历史文化底蕴，就连清末民国吴忠都有文庙、文昌阁。取名唐风：一是唐肃宗登基灵州；二是吴忠从先秦至今有100多位诗人吟唱吴忠，唯有唐诗最多，而且名家最多；三是传承了吴忠辉煌的文化古风，反映了吴忠市委、市政府不仅要把吴忠建设成为一个经济强市，而且要把吴忠打造成一个历史文化水韵名城，繁荣文化，丰富人民生活。

公　园

明珠公园 位于吴忠市中心区东北部，位于开元大道与明珠东路之间。是市区内规划建设的集休闲、娱乐、旅游为一体的综合性公园，占地面积320亩，概算投资1000万元。全园规划建设文化活动区、安静休息区、健身娱乐区、山水观赏区4个景区，包括黛玉枕流、曲荷映日、秦渠飞虹等11个景点。

秦渠公园 秦渠乃黄河灌溉支渠之一，系秦朝开凿，穿越吴忠而过，

秦渠公园

为灌育这片大地发挥了积极作用，有诗为证：“天堑分流引作渠，一方擅利溉膏腴。鱼游浅碧东风细，花涨残红幕雨余。千顷良田凭富足，万家编户获安居……”吴忠市将秦渠过境段（10 千米）改造为秦渠公园。两岸绿树成阴，郁郁葱葱，花鸟云集，香飘遐迩。宛如一条玉带镶嵌在繁华都市间，为都市带来些许清静和灵气。园内亭台楼榭，曲径通幽，雕梁画栋，错落有致。各种健身器具一应俱全，是市民晨练、游玩、散步小憩的理想场所。

滨河湿地公园 位于吴忠市滨河新区。滨河湿地公园是黄河吴忠市区段综合整治工程的一部分，在黄河两岸建设总长 54 千米高标准堤防，堤防顶面按一级路面建设，兼顾交通和防洪；滨河大道外侧营造 300 米宽幅林网，规划建设滨河湿地生态旅游区，由北向南划分为园艺观光区、休闲娱乐区、植物园区和鸟类保护区；修建 7 条总长为 22.5 千米的连线道路；兴建一座青铜峡市区——金积镇连线道路跨河大桥。2003 年开工，2008 年完工。滨河大道是吴忠市加快推进城市化进程的重要工程，建成后对发展吴忠生态农业和观光旅游业、改善吴忠人居环境、提高城市品位，实现把吴忠建设成为滨河生态园林城市的目标具有十分重要的意义。

滨河生态园

回族历史人物园 总占地面积约为272亩，其中绿地面积140亩。是吴忠市回族文化片区的补充和重要的组成部分。集中展现中国回族历史上涌现出的古今英雄人物和对社会作出巨大贡献的历史人物，运用圆雕、浮雕、透雕，独立雕塑、组景雕塑、情景再现等多种表现形式，创造一处雕塑主题公园，缅怀先人，教化后人。

回族历史人物园的绿化设计立足园内景点内容丰富而面积相对有限的现状，通过植物配置的围堵、舒展、拉伸等手法，扩展空间，延伸视野，将北方园林恢宏大气与南方园林精巧细致有机结合，各景点既独立成景又协调统一，主题雕塑与绿化植物相互映衬，形成花木掩映、曲径通幽的景观效果。种植各类乔木4960株，灌木3733株，地被植物96983平方米。

回族历史人物园紧邻“两馆一中心”和新月广场，由明珠路分为南北两园，园区主要景点有入口广场、英雄浮雕广场、涟漪广场和多个历史人物景观节点。按照历史时间顺序，以明珠路广场为中心，以广场北路主入口为起点，以北园涟漪广场为结束点，散射型展现各个杰出的回族历史人物。

回族历史人物园

回族历史人物园设置四个入口广场，主入口设计凹入式半圆形场地，紧靠新月广场，采用喷泉、廊架、花钵、景墙、树阵等多种景观形式，达到自然与人工创作的完美结合。明珠路入口区采用开敞式设计，主体由两个等半径半圆组成，使两部分园区相互呼应。滨河大道入口处，远可眺黄河楼之美景，近可观柳溪湖之风光，兼得远山之色、近水之韵。

纪念地

涝河桥烈士陵园　位于吴忠市区东南4千米的清水沟旁。园内松柏常青，草木郁郁葱葱，纪念碑气势恢宏，纪念馆庄严肃穆，纪念广场宽敞洁净，是进行革命传统教育和爱国主义教育的重要基地。1951年，吴忠县人民政府在涝河桥附近修建了革命烈士陵园，以纪念为解放吴忠堡在涝河桥

战斗中牺牲的135名革命烈士。陵园面积1.26亩，看护房3间。1960年建烈士纪念塔一座。1969年整修扩建，建烈士纪念碑一座，纪念碑后为墓区，有烈士墓55座。1987年5月再次扩建，占地面积5181.5平方米，纪念碑加高到12米，碑座正方形，碑正面刻有周开成书“革命烈士永垂不朽”，背面刻有涝河桥烈士陵园碑文。陵园门楼刻有贾明轩书“涝河桥烈士陵园”。2000年，陵园重新扩建，新建纪念馆5间，陈列烈士生平事迹和画像。建办公室、接待室3间。园内栽植松柏、花草，修葺坟墓，修砌围墙，铺平道路。

余家桥烈士陵园　位于青铜峡市青铜峡镇余桥村。2009年命名为自治区爱国主义教育基地。

1949年8月26日，兰州解放后，中国人民解放军第十九兵团分三路向宁夏挺进，拉开了解放宁夏的序幕。9月19日，十九兵团六十四军官兵分两路直扑宁夏吴忠金积，金灵之战正式开始。9月20日，十九兵团一九一师五七三团，先后攻占了峡口的西滩、马家寨、潭桥等据点，将大部分敌人歼灭后，奉命强攻余家桥。余家桥为解放金积县的必经之地。解放军与敌人在今青铜峡镇沃沙村境内展开激战。经过两个小时的激烈战斗，解放军占领了余家桥及其附近的解家寨等重要军事据点，战斗中有47名指战

余家桥烈士陵园

员献出了宝贵的生命。24 日，宁朔县（今青铜峡市）全境解放。

为了缅怀英烈，1949 年 10 月，青铜峡县人民政府在当时战斗最激烈的余家桥辟建了烈士陵园。1962 年余家桥烈士陵园在原址重建。1978 年又进行了投资扩建，并将在青铜峡市社会主义事业建设时期牺牲的 72 名烈士一并安葬于此。2007 年青铜峡市人民政府对陵园进行改造，建成了 19.49 米高的烈士纪念碑和烈士瞻仰厅（两层），并且完善了一些基础设施建设。余家桥烈士陵园占地面积 7600 平方米，园内苍松挺拔，共有 119 名烈士长眠于此。

盐池县革命烈士纪念园 是全国 100 个红色旅游经典景区之一，先后被命名为宁夏爱国主义教育基地、宁夏国防教育基地、全国民族团结进步教育基地，并先后获得全国文物系统优秀爱国主义教育先进集体、宁夏文明风景旅游景区、国家 3A 级旅游景区、宁夏“十佳”旅游景区等荣誉。主要建筑有革命烈士纪念馆、苏维埃纪念馆、毛泽民纪念馆、中国滩羊馆、盐池解放广场和纪念碑、红军陵等。

革命烈士纪念馆为二层框架结构，建筑面积 3380 平方米，有序厅、革命历史陈列厅、历史文物陈列厅三个专题展厅，主要展示方式有实物、

盐池革命烈士纪念馆

图片、文字、雕塑、油画、多媒体资料、模型等。革命历史文物展共分五个部分，从政治、军事、经济、文化等方面全面再现了盐池解放到全国解放13年的辉煌革命历程。历史博物馆为专题展，分陶器展、冯记圈出土文物展、瓷器展、钱币展、金属器展、字画展、杂器展七个部分。

苏维埃纪念馆和毛泽民纪念馆按苏维埃政府原貌修建，为四合院建筑，主房及厢房门窗、檩条、椽子、大梁均为木质。墙面及房顶用仿草泥材料，四合院铺水泥青砖。纪念馆占地面积千余平方米，主要展览内容有毛泽民生平展、《王贵与李香香》创作纪念地、苏维埃政府办公旧址、陕甘宁边区第一个消费合作社——盐池城区消费合作社、元华工厂车间等，再现了革命年代艰苦的生活、工作环境。展览主要有图片、实物、油画、雕塑、连环画、剪纸等。展出图片、实物536张（件）。

解放广场面积为1.3万平方米，合19.36亩，寓意1936年盐池解放。广场为红色，取意“红场”。解放纪念碑形状为写意的三把刺刀，材质为不锈钢，碑高为27米（取意6月21日解放）。

红军陵采用碑刻方式，共陈列76位革命烈士的生平事迹，对盐池县革命烈士的生平进行全面介绍，是园内缅怀先烈的重要场所。

同心县革命烈士陵园 为纪念先烈、教育后人，1978年同心县委、县政府划地62亩在县城豫海北路东侧建立了同心县烈士陵园，将马和福烈士的遗骨及牺牲在下马关、韦州等地的红军烈士的遗骨搬迁集中安葬于陵园内，并先后拨款修建了“豫海亭”“红军烈士亭”“豫海烈士纪念亭”及革命烈士事迹陈列馆、烈士纪念馆等。

1986年，为庆祝红军长征胜利暨陕甘宁省豫海县回民自治政府成立50周年，国家投资16万元，同心县民政局负责，由咸阳古建筑艺术公司承包，修建了革命烈士纪念碑。纪念碑主体为混凝土构造，碑座四周为黑色大理石镶嵌，碑座上面竖立着12根镀金栏杆并以镀金链条相围。基座呈方形，见方15米，碑身见方10米，高21.6米，碑正面为唐天际的题词：“人民英雄永垂不朽”；北面为程子华题词：“为革命献身的回汉烈士永垂不朽”；东面为李志民的题词：“为人民解放牺牲烈士：英灵浩气千秋在，先烈精神万古存”；南面为自治区党委、自治区人民政府的题词：“革命烈士永垂不朽”。碑身下部正面镶嵌的一块黑色大理石上雕刻着中共同心县委、县人民政府题写的碑文。碑文正文：“为纪念一九三六年红军西征和建立陕甘宁省豫海县回民自治政府牺牲的烈士，为纪念一九四九年中国人民解放军解放同心和巩固人民政权建设社会主义献身的烈士及一切志士仁人特立此碑，以表万世。人民英雄永垂不朽！”整座纪念碑庄重典雅，令人肃然起敬。

1996年，在纪念红军长征胜利暨豫海县回民自治政府成立60周年之际，县政府又拨款将革命烈士纪念碑进行了维修，同时将陵园前部改建为“豫海公园”。园内松柏苍翠，绿树成阴，环境十分幽雅别致。每年前往参观者及中、小学生扫墓接受教育者不下万余人次。

街（路）巷汇集

明末清初，吴忠城区主要街道为两条黄土路，即南北大街（今丰宁街）和东西大街（今民生路）。民国十七年（1928），形成朝阳街的雏形。民国二十五年修筑利通街。次年整修城内的两条黄土路，部分路段铺砾石。新中国成立前夕，城区内共有 4 条主要街道。

新中国成立后，城区道路建设加快。1966 年起，街、巷陆续铺筑沥青或混凝土板。1990 年有街道 29 条，其中沥青或混凝土路面 16 万平方米。1998 年，市区街道增至 35 条。1998 年撤地设市后，吴忠市城市建设发生了翻天覆地的变化，近年来随着城市化进程的加快和城市西区建设的迅速发展，新的道路街巷大量涌现，市区街路巷增至 100 余条。

街

利通街 城区主要街道之一，南北走向，贯穿老城区中部，为利通区街、路东西分界轴。南起子仪路，北至朔方路，长约3.4千米，宽22～34米。依次与秦渠、胜利路、裕民路、吴灵路、开元大道、明珠路、世纪大道等道路交会，与朝阳路、民生路、古城路、双拥路等呈“丁”形会合。该街初建于民国二十五年（1936），时修筑宁平公路，填平旧城东门外迎门渠北段，铺黄土路面，宽10米。1952年，彻底填平迎门渠，打通该街南段，铺筑砾石路面。1966年拓宽至14米，铺筑沥青路面。1985年拓宽至34米。1991年改筑混凝土路面，沿街两侧驻有吴忠镇人民政府、市人大、市政协、公安局、卫生局、商业局、农机厂、配件厂、车辆厂、卷烟厂、汽车站、新华书店、天鹅饭店、民族饭庄、人民商场、五金百货大楼、副食商场等机关企事业单位，此街中段设有街心公园和街心广场，为城区繁华街道之一。此后，南、北两端逐渐延伸成现状。2003年以裕民路分南、北街。

新生街 城区古老街道之一，原系老城东墙根，南北走向，与利通街平行，与民乐街、胜利街垂直相交，北端与民生街呈“T”形会合，南端至石油办事处，长540米，宽9～12米，1975年铺筑沥青路面。1995年3月扩筑。街两侧建有邮电大楼、街心公园，中部设市区蔬菜瓜果零售市场。2000年后市区街道拓宽改造，作为迎宾大街向南的延伸段，为避免一地多名，故2013年并入迎宾大街统一命名。

利宁街 城区西部主要干道，北起朔方路，南至金积大道，长3780米，宽41米。旧名西环路，2003年更现名，以“利”字系列命名。

利华街 城区东部主干道之一，北起朔方路，南至金积大道，长4065米，宽44米。2003年命名为利华街，以“利”字系列命名。

利红街 城区东端主要干道，北起朔方路，南至金积大道，长 3667 米，宽 44 米。2003 年命名为东兴街，2013 年更名为利红街，以“利”字系列命名。该街位于老城区东部，是利通区通往红寺堡的一条主要道路，更名为“利红街”，更加贴切，同时也与西边的“同心街”形成一种对应。

文卫街 城区东部主要街道，北起明珠东路，南至金积大道，长 3700 米，宽 22 米。旧名东环路，2003 年更为现名。

金星街 市区东部街道。北起吴灵东路，南至朝阳西路，长 850 米，宽 12 米。因该街位于古城镇金星村，故保留原地名。

新村街 市区东部主要街道。北起裕民东路，南至金积大道。长 1050 米，宽 22 米。2003 年命名为新村街。

花园街 位于利通北街西侧，北起朔方路，南至开元大道，长 1014 米，宽 25 米。2003 年命名为花园街。

黎明街 北起世纪大道，南至秦渠路，长 2300 米，宽 20 米。属新修建路，因该街位于原利通区早元乡黎明村，故 2003 年命名为黎明街，以保留原地名。

秦桥街 北起裕民西路，南至秦渠路，长 1150 米，宽 22 米。2011 年修建，因该街位于原利通区早元乡秦桥村，故 2013 年命名为秦桥街，以保留原地名。

富平街 城区西部主要街道。南北走向，北起世纪大道，南至友谊东路，长 3561 米，宽 29.5 米。旧名西一环，2003 年命名为富平街，因秦汉时期所设富平县，位于今吴忠市境内。汉末由于战乱，迁徙于今陕西富平县。冠名富平街，有利于传承历史文化。

迎宾大街 城区主要街道，是 2000 年后新修建的一条商业街，原名中央大道。北起朔方路，南至胜利路，长约 2000 米，宽 41 米。2003 年街路巷命名时更名为迎宾大街，取“欢迎八方宾客”之意。

同心街 老城区西端主要交通要道，北起朔方路，南至友谊路，长 4922 米，宽 44 米。2003 年街路巷命、更名时命名为西盛街，2009 年更名为同心街。取“同心同德”之意。

路

朝阳路 城区主干道之一，东西向横穿市区东部，西起利通街口，东至利红街，长1615米，宽28米。原为朝阳街，民国十七年（1928），形成该街的雏形。民国三十年（1941）整修，西起利通街，东至太阳宫（今东方红剧场址），长约500米，宽约7米，黄土路面，1954年向东延伸至原市人民政府大院处。1966年铺筑沥青路面。1985年东段拓宽为21～44米。1990年向东延至银南地区党校。1992年4月对该街东段利通街至东环路口（现文卫街）进行扩修。1996年5月对东段文卫（东环）路口至银南行署进行扩修。该街两侧驻有银南行署及招待所、东粮库、农业局、吴忠中学、朝阳小学、电器开关厂、文化宫、仪表厂、水泵阀门厂、东方红影剧院、朝阳商场、中医院、图书馆、二轻局、总工会、粮食局、服装公司新世纪商厦等，是城区繁华街道之一。此后，东端逐渐延伸成现状。2003年，按照东西为路、南北为街，改为朝阳路，以文卫街分为东、西路。因其商业性质，西段不允许机动车辆通行，所以俗称“步行街”。

裕民路 城区主要干道，东西走向，与利通街呈十字形垂直相交，为利通区街、巷南北分界轴。西起同心街，东至文卫街，长2535米，宽34米。新中国成立后新开街道，为裕民街。1969年西段铺筑沥青路面。1978年东段铺筑沥青路面。1996年5月该街东段延至东环路口。两侧驻有市人民政府、广播电视局、幼儿园、棉织厂、保险公司、农业银行、人民银行、建设银行、工商银行、教育局、裕民小学、招待所、供销社、党校、建筑公司、体委、防疫站和22号住宅小区等。2003年，按照东西为路、南北为街，改为裕民路，以利通街分为东、西路。

民生路 城区中心连接农贸市场的重要商业街道，东西走向，西起西环路（利宁街），东端与利通街呈“T”形交会，长560米，宽12～18米。

原为民生街，该街属市区古老街道之一，明末清初称东西大街，黄土路面。民国三十年（1941）整修，铺筑砾石路面。在同南北路巷交会处，有土木结构两层钟鼓楼，为市民报时，1958 年拆除。1969 年铺筑沥青路面。1986 年后逐步拓宽。该街两侧建有长庆商场、副食商场、民生市场、物资局大楼等。平日摊点林立，商贾云集，夜市交易活跃。该街属步行商业街。2003 年按照东西为路、南北为街，改为民生路。

胜利路 位于城区南部，1979 年新开辟街道，东西走向，与新生街、利通街垂直相交，西端接同心街，东到文卫街，长 1564 米，宽 28 米，该街原是一条土路，窄而不直，1979 年拓宽改造，铺筑沥青路面，东段宽 7 米，西段宽 10 米。1992 年扩修。两侧驻有市供电局、一中、佳富针织厂、台钻厂、蔬菜公司、利通二小等单位。2003 年按照东西为路、南北为街，改为胜利路，以利通街分为东、西路。

友谊路 位于城区南部，东西走向，长 5219 米，宽 28 米。旧名南环路，2003 年街路巷命（更）名时更名为友谊路，以利通街分为东、西路。

古城路 老城区主要街道，东西走向，西起富平街，东至利通街，长 1500 米，宽 14 米。旧名北环路，2003 年街路巷命（更）名时名为古城路，以利通区原古城乡名命名。

吴灵路 老城区主要道路，东西走向，西起同心街，东至利红街，长 5000 米，宽 28 ~ 44 米。

双拥路 老城区路段，东西走向，西起利宁街，东至文卫街，长约 1000 米。2006 年之前只有西段，因路北驻武警支队，当时由于吴忠市创建全国双拥模范城，故命名为双拥路，2011 年后随城市建设打通利通街向东路段成现状。

朔方路 西起滨河大道，东至清水沟，长 4000 米，宽 32 米。原名古城五号路，属新修建路，2013 年命名为朔方路。该路位于吴忠市区北端，在唐代，灵州（今吴忠）曾是朔方军、朔方节度使驻地，“朔方”原意为北方的意思，故得名。

河奇路 西起同心大街，东至清水沟，长 4300 米，宽 24 米。原名古城四号路，属新修建路，2013 年命名为河奇路。“河奇”即“灵洲”，灵洲是由黄河主河道与支流形成的一个硕大无比的洲渚，其面积超过 2700 平方千米，成为天下奇观，所以又称河奇。唐代颜师古《汉书注》说：“水中可居者曰洲。此地在河之洲，随水高下，不能沦没，故曰灵洲，又曰河奇也。”其址就在今吴忠。

世纪大道 西起滨河大道，东至吴青灵一级路及清水沟，长 5800 米，宽 66 米。2003 年城区街路巷命（更）名时命名为黄河路，2009 年更名为灵州路，2010 年扩建为十车道路，并更为现名，寓意吴忠跨越新世纪，经济社会大发展。

明珠路 城区北部主干道之一，东西走向，西起文华街，东至利红街，长 4161 米，宽 29 米，2003 年街路巷命名（更）时命名明珠路，以利通街分为东、西路，以当时明珠塔而得名。

秦渠路 西起石中高速公路，东至利通街，长 2400 米，宽 22 米。原为金滨路及秦渠北岸，这条道路傍秦渠而行，故以此命名。

回乐路 吴忠城区南部。西起友谊西路与富平街连接处，东至利红街，长 3800 米，宽 29.5 米。原名南一环，属新修建路，2013 年命名为回乐路。回乐是南北朝时期吴忠的曾用名，距今有 1500 多年的历史。中小学语文课本选编唐代诗人李益的“回乐烽前沙似雪，受降城外月如霜，不知何处吹芦管，一夜征人尽望乡”的诗句，写的就是这里。这已被吴忠市出土的吕氏夫人墓志铭所证实，路用吴忠的历史曾用名命名，旨在传承历史文化。

金积大道 西起友谊西路，东至利红街，长 5200 米，宽 63 米。原南环路，2013 年命名为金积大道。因该路位于老城区南部，在吴忠东南部商贸经济发展区域中处于重要地位，以“金积”命名，寓意“金银堆积，财源广进”，同时该路又是通往金积镇的一条主要道路，命名金积大道既与城区北部的世纪大道相呼应，又具浓厚的时代气息。

子仪路 西起石中高速公路东辅道，东至利红公路，长约 5800 米，宽 32 米。原南二环，属新规划路。2013 年命名为子仪路，名称因历史人物郭子仪而来。郭子仪，中唐名将，天宝十四年（755），“安史之乱”爆发后，他出任朔方（今吴忠）节度使，奉命率兵讨伐叛军。后郭子仪平乱有功，晋升为中书令等。大唐因有其人，20多年安宁无大战事。

清宁街 滨河新区。北起滨河大道，南至秦渠路，长4010米，宽22米。原经一街，该街位于清宁河西侧，以地标性名称命名。

清静街 滨河新区。北起滨河大道，南至黄河路。长1400米，宽18米。原经二街，规划长度4000米。属新修建路，2013年命名为清静街，以“清”字系列命名。

文华街 滨河新区。北起滨河大道，南至秦渠路，长约5000米，宽约32.5米。原名文化街，2013年市区街路巷命名时更为现名。规划长度9000米，将向南延伸至金廖路。此路直达牛首山下，牛首主峰名“文华峰”，“文华”意同“文化”，义更典雅。同时该街又途经两馆一中心、职业技术学院、回民小学等，以“文华”命名更符合该地浓厚的文化氛围。

清和街 滨河新区。北起民族路，南至庆王路，长600米，宽18米。原经四街，属新修建路，2013年命名为清和街，以“清”字系列命名。

开元大道 城区主干道之一，东西、南北走向，从东向南贯穿至金积镇，东起利红街，向南连接金积至吴青公路，长7170米，宽45米。2003年命名开元大道。

艾山街 滨河新区。北起民族路，南至银平公路及金积镇，长3500米，宽20～32米。原名金积街，2013年更为现名。“艾山”即今青铜峡两岸山峰的统称。北魏时期征南将军刁雍任薄古律镇（今吴忠）镇将时，上疏朝廷，请求修建艾山渠。艾山渠的兴修，在宁夏开发史和中国水利发展史上占有重要地位。

翔庆街 滨河新区。北起至德路，南至学院路，长1700米，宽18米。原经七街（规划中），2013年命名为翔庆街，吴忠历史上曾为翔庆军（即翔庆军司）驻地。翔庆军是西夏立国后，李元昊所置，为军事设施。故以历史地名而得名。

秦汉街 金积工业园区。北起滨河大道环线，南至银平公路及金积镇，长4600米，宽20米。原经八街，2013年命名为秦汉街。由于该街向北穿越秦渠，向南过金积延伸至汉渠，是两条古渠之间相连的道路，故名。

双都路 西起文化街，东至清宁街，长801米，宽18米。原纬一路，属新区新修建路。2013年命名为双都路，吴忠历史上曾有唐肃宗李亨登基称帝和西夏立国建都，又因其位于恒大名都和龙河唐都之间，故命名为双都路。

金水路 西起文化街，东至清宁街，长585米，宽18米。原纬二路，属新区新修建路。2013年命名为金水路，因路位于金岸美地和清水湾两小区之间，各取一字组成路名，易记好找。

民族路 西起滨河大道，东至清宁街，长2000米，宽32.5米，属新区新修建路。2013年命名为民族路，该路位于两馆一中心南侧，故名。

瓦渠路 西起清和街，东至清宁街，长1025米，宽18米。原纬四路，属新区新修建路。2013年命名为瓦渠路，该路位于原早元乡瓦渠村，故保留原地名。

黄河路 西起滨河大道，东至利宁街，长3400米，宽50米。该路经滨河新区、吴忠黄河大桥至青铜峡市，是跨黄河连接青铜峡的重要干道，故名黄河路。

庆王路 西起滨河大道，东至清宁街，长约3000米，宽32.5米。原名卫宁路，属新区新修建路。2013年更名为庆王路，“庆王”即朱栴。朱栴所著《宁夏志》是宁夏历史上第一部地方志，开宁夏修志之先河，有极大的历史学术研究价值。朱栴在今同心县的韦州古城内西北建庆王府，并在韦州城居住了9年。朱栴作为明朝亲王、皇帝之子，亲自撰成宁夏第一部方志《宁夏志》，意义重大而深远。

学院路 西起滨河大道环线，东至文化街，长2000米，宽24米，属新区新修建路。2013年命名为学院路，因该路位于吴忠教育园区，宁夏民族职业技术学院旁，故名。

蒙恬路 金积镇。北起滨河大道，南至吴青公路，长 4200 米，宽 24 米。原滨河连接线，属新区新修建路。2013 年命名为蒙恬路，秦始皇三十二年（前 215），派蒙恬率大军北逐匈奴后，夺取“河南地”，“因河为塞”“城河上为塞”。次年（前 214）设富平县（今吴忠市），兴修水利，拉开了引黄灌溉开发的序幕，形成宁夏黄河灌区。蒙恬成为宁夏农业经济开发的第一人，也是吴忠（古富平）的“城建之父”。

双桥路 金积工业园区。西起规划支路，东至银平公路，长 3800 米，宽 18 ~ 30 米。原蔡板路，属金积工业园区北部新修建路。2013 年命名为双桥路，因该路经板桥道堂、蔡桥村和板桥村，故得名。

伊佳路 金积工业园区。西起蒙恬路，东至文华街，长 3000 米，宽 15 米。原金纬三路，2013 年命名为伊佳路。

曼苏尔大道 金积工业园区。西起蒙恬路，东至金麦尔街，长 2600 米，宽 32 米。原金纬四路，2013 年命名现名。以回族歌舞剧《曼苏尔》男主人公的名字命名。

伊利路 金积工业园区。西起蒙恬路，东至银平公路，长 1865 米，宽 15 米。原金纬五路，2013 年命名现名。因金积工业园区“宁夏伊利乳业有限公司”命名。

巷

中华巷 西起利通北街，东连华港家园小区。长 120 米，宽 7 米，1981 年修筑。取中华之意。

复兴巷 北起胜利西路，南连五星巷。取中华复兴之意。

公武巷 西起利通北街，东端连中达国际广场，长 160 米，宽 5 米，1988 年修筑。因巷内有原吴忠市（县级）看守所、检察院、公安局等，据此得名。

金星巷 西起利通北街，东端通金星楼和绿地园小区，因该巷位于古城镇金星村，故名。

民乐巷 西起利通南街，东至新村街。原民乐街，2003年因新的街、路、巷标准的制定，民乐街不足1000米故更名为民乐巷。

静宁巷 北起世纪大道，南至明珠路。2003年市区街路巷命（更）名时命现名，取“宁静祥和”之意。

育才巷 北起朝阳东路，南接秦渠公园。长200米，宽4米，1986年修筑。原名教育巷，因巷内北端有原朝阳小学、吴忠师范，2003年市区街路巷命（更）名时更为现名。

三布巷 西起金星街，东至文卫街。原名三布街，因2003年新的街、路、巷标准的制定，三布街不足1000米故更为现名。

谷香巷 西起金星街，东至文卫街。原名谷香街，因2003年新的街、路、巷标准的制定，三布街不足1000米故更为现名，取“五谷丰登”之意。

石油巷 北起友谊路，南通石油公司家属院。长120米，宽6米，1992年修筑，因南通石油公司家属院而得名。

南寺巷 西起利通北街，东至商业局家属院。因巷内有一座清真寺——南大寺而得名。

古城巷 北起古城路，南至裕民西路。长313米，宽4.5米，1983年修筑。因地处原古城乡所在地，故名。

兴隆巷 北起开元大道，南至原银南地区家属院后墙。途经东方花园小区东侧、兴隆寺、谦益花园小区，因该巷有古寺——兴隆寺，故2013年市区街路巷命（更）名时命现名。

谦益巷 东起利华街，西至文卫北街。途经嘉宝花园、万福人家、谦益名邸和谦益花园小区，2013年命名，因地标性建筑——谦益小区而得名。

谦南巷 东起兴隆巷，西至文卫街。途经谦益花园小区、原银南地区家属院后墙，该巷位于谦益花园南侧，银南地区家属院北侧，故2013年市区街路巷命（更）名时命现名。

东方巷 北起开元大道，南至吴灵东路。途经东方御园小区，该巷位于东方御园小区西侧，塔寺小区东侧，故2013年市区街路巷命（更）名时以此命名。

乾元巷 东起利通街，西至迎宾大街。途经原利一小学、信用联社，乾元是唐肃宗李亨灵州（今吴忠）登基后发行的钱币名称，2013年市区街路巷命（更）名时以此命名。

利民巷 北起胜利东路，南至秦渠。途经原利二小学、胜利镇、军干所，2013年命名现名，取便民利民之意。

义乌东巷 北起裕民东路，南至朝阳路。因其在义乌商贸城东侧而得名。

义乌西巷 北起裕民东路，南至朝阳路。因其在义乌商贸城西侧而得名。

西市场巷 北起吴灵路，南至胜利路。因其在西市场西侧而得名。

早市巷 北起胜利西路，南至秦渠。是一条通往石油办事处小区的巷子，旧名石油巷，巷内多为居民住宅，因市区早市形成于此，故2013年市区街路巷命（更）名时更为现名。

西湖巷 东起原新生街，西至西湖菜市场。该巷位于吴忠老西湖，通往西湖市场，故保留旧名。

北寺巷 东起利通北街，西至迎宾大街。经原北大寺、民园新村、原汽车站。因巷口处有一座清真寺——北大寺而得名。

民和巷 北起裕民西路，南至民生路。该巷位于民生派出所对面，原名民生巷，2013年市区街路巷命（更）名时更为民和巷。

新生巷 南起胜利西路，北至西湖菜市场。旧名民生南巷，2013年市区街路巷命（更）名时更为新生巷。

丰宁巷 北起裕民西路，南至西湖菜市场。该巷位于兴教寺东侧，寓意丰盛、安宁。

五星巷 东起早市巷，西至利宁街。该巷位于古城镇五星村，故保留原名。

马路巷 北起裕民西路，南至民生路。位于吴忠宾馆东侧和老井大厦西侧，恢复原来老街巷名。

诗中吴忠

地名是一座城市、一个地区的名片，它凝聚了这座城市和这个地方的历史，彰显出这座城市和地区的内涵，展示着这座城市和地区的魅力，更是这座城市和地区诞生、成长与发展过程中不可或缺的一部分。在吴忠城地名变迁的2230年的时光里，拥有过不计其数的地名，有些早已湮没废弃无人知晓，有些却载于史册流传至今。在古诗词中对吴忠地名的吟诵就有近百首，特别是在唐宋诗人中，作诗词吟咏吴忠的达二十余位，这些地名中的一些在今日之吴忠已成为历史的回忆，只有少数仍然留有遗迹旧址供人们凭吊追忆。本章主要选取了历史上较有名的灵州、回乐等在古诗中大量出现的地名诗篇，细细品读，我们可从中体味到古今吴忠历史地名的变迁。

唐·李世民 （二首）

李世民（599—649）　即唐太宗，唐王朝第二代皇帝，唐高祖李渊次子。祖籍陇西成纪（今甘肃秦安），迁陇西狄道（今甘肃临洮）。隋末劝其父起兵反隋，李渊称帝时，封为秦王，任尚书令。曾镇压窦建德、刘黑闼等农民起义军，消灭薛仁杲、王世充等割据势力。武德九年（626）六月初四，发动“玄武门之变”杀死其兄李建成、其弟李元吉后被立为太子，同年八月继皇帝位。626—649 年在位。在位期间推行均田制、租庸调法和府兵制度，并加强对地方官吏的考核。发展科举制度，常以“隋亡为戒”，能任贤纳谏，推动社会经济和文化的发展，使中国成为当时世界上最强大的国家之一，史称“贞观之治”，为一代盛世君主。贞观四年（630）击败东突厥，被回纥、铁勒等族尊为天可汗。贞观十五年，以文成公主嫁给吐蕃赞普松赞干布，加强了汉、藏友好。

灵州勒石诗

雪耻酬百王[1]，除凶报千古[2]。
（昔乘匹马去，今驱万乘来。
近日毛虽暖，闻弦心已惊。）

【说明】

隋末，北方突厥势力强盛。李渊起兵反隋之初，兵力不足，曾与突厥结盟，向突厥纳贡称臣，借突厥兵以反隋。唐初，突厥仍依约向唐索取无度，并屡屡兴兵南犯掳掠。唐太宗李世民即位的第三年（629），派兵出击正在贺兰山一带侵扰的突厥部，获大胜。突厥部落有的归顺唐朝，有的投奔突厥薛延陀。贞观十九年（645），唐太宗再次派兵与西北少数民族回纥部配合平定突厥之乱，于次年初在贺兰山北大败薛延陀部，威震北疆。回纥、拔野古、斛薛等少数民族部族愿归顺唐朝，“请派汉将官，以示臣服”。唐太宗应邀约定灵州会见，于贞观二十年（646）九月十五到达灵州。回纥、拔野古、同罗、仆骨、多滥葛、思结、阿跌、契宓、跌结、浑、解薛十一姓部族，同声称唐太宗为“天至尊”，要求唐太宗接受“天可汗”的尊号。这在中国古代历史上是一次民族大团结的盛会，唐太宗李世民十分高兴，写下了《灵州勒石诗》这首五言诗以志庆贺，并勒石灵州。后因石碑残破，仅存上二句（题目是后人所加）。

【注释】

1. 雪耻：洗雪耻辱。此处即指洗雪李渊向突厥称臣，以及突厥仗恃其兵力强大，每遣使者至长安“多暴横”无礼，向唐室索求无度，使唐深引以为耻。酬：酬答。百王：前代的帝王。这句又作“雪耻酬百姓”。

2. 除：扫除。凶：指突厥部落薛延陀等贵族统治者。千古：久远、千秋万代。

饮马长城窟行

塞外悲风切，交河冰已结[1]。瀚海百重波，阴山千里雪[2]。
迥戍危烽火，层峦引高节[3]。悠悠卷旆旌，饮马出长城[4]。
塞沙连骑迹，朔吹断边声[5]。胡尘清玉塞，羌笛韵金钲[6]。
绝漠干戈戢，车徒振原隰[7]。都尉反龙堆，将军旋马邑[8]。
扬麾氛雾静，纪石功名立[9]。荒裔一戎衣，灵台凯歌入[10]。

【说明】

这是唐太宗李世民驻跸灵州时，遥想将士出征击败突厥，威震北疆的情景，赋诗表达安抚西北诸部族后的豪情。诗的题目“饮马长城窟行”为古乐府瑟调曲名，又称“饮马行”。古辞云征戍之客至于长城而饮马，妇思念其勤劳，故作此曲。有以此曲吟成《玉台新咏》，为蔡邕所作。以后东汉陈琳，三国魏曹丕，西晋傅玄、陆机等皆有拟作。东汉陈琳的《饮马长城窟行》中有诗句“饮马长城窟，水寒伤马骨”。饮马，意为征戍到达（某地），如饮马长江、饮马黄河等。窟，洞、穴，此处指长城上的关门。

【注释】

1. 悲风：凄凉、寒冷的风。交河：古县名，在新疆吐鲁番。唐贞观十四年（640）灭麴氏高昌，以其交河郡改置。贞元六年（790）后陷于吐蕃。诗中代指出行途中见到北方的黄河交汇的支流。

2. 瀚海：“瀚海”又作“翰海”，本意有二。一是北海，指蒙古高原上一大湖泊，即贝加尔湖。“瀚”为水浩大貌。古代称大的湖泊为“海”，所以“瀚海”即很大的湖泊。如汉武帝时苏武牧北海牧羊故事中的“北海”，即指此。二是沙漠，浩瀚的沙漠上沙丘起伏与大海同状，故称。用瀚海来形容大漠，更显示大漠的辽阔无垠。诗中“瀚海”一词是写塞上大漠风光的，当然是指沙漠，指的是在古灵州（今吴忠、灵武）东南的今盐池、同心及甘肃环县交界地区，因多沙碛少水泉，阔达700里，故史称“七百里瀚海”，亦名“旱海”。阴山：阴山山脉，在内蒙古境内河套以北、大漠以南，东西走向。

3. 迥戍：远在边地戍守的（人）。危烽火：点燃起高峻的烽火。危：高峻，此处形容烽烟之高，是形容词作动词用，即“高高地点燃起”。烽火：又作“烽烟”“烽燧”，古代边防的报警信号。在边防上每隔一段距离筑一座高土台，用来点燃烟火报警。台上设置桔皋（可牵引上下的木制机具），一头系笼，笼中放柴草，平时低放，敌人入侵时即燃火，高举以相告，这叫作“烽”，又在高台处多积柴草，敌人到来即焚烧，使邻境望烟知警，叫作“燧”。远处白天能看到浓烟，夜间能看到火光。一台燃起烽烟，邻台见后也立即举火，台台相传，这样就可以把警报迅速传遍全线戍兵。引：引领。节：符节、军符，作为信物。古代一般用作可行使国王、皇帝的命令的信物。《周礼地官掌节》中说：“掌守邦节而辨其用，以辅王命。守邦国者用玉节，守都鄙者用角节。凡邦国之使节，山国用虎节，土国用人节，泽国用龙节，……门关用符节，货贿用玺节，道路用旌节，皆有期而反节。”

4. 悠悠：旗帜轻舒漫卷之貌。旆旌：泛指军队的各种旗帜。旆（pèi），古代末端用牦牛尾和鸟羽作竿饰的旗帜。

5. 朔吹：指北风。《艺文类聚》中张正《见寒树晚蝉疏》诗中有“寒蝉噪杨柳，朔吹犯梧桐”的句子。“边声”，指军中战斗的号角声。有“边尘”一词代指战争。“边声”当是从“边尘”一词演化而来。“断”，即中断。诗中是说，（由于北风强劲），使得军中的号角声被咽得时断时续。毛泽东词《忆秦娥·娄山关》中“西风烈……马蹄声碎，喇叭声咽”的句子，就表现了这种意境。诗中用“断边声”来表现战斗艰苦卓绝的情景。

6. 胡尘：突厥部军队战马奔腾扬起的沙尘、战火的烟尘。清：清除，消失之意。玉塞：本指玉门关，此处仍指朔方边塞。清玉塞，意为胡尘从边塞消失，被清除。羌笛：羌族的吹奏乐器。诗中代指突厥部军队的号角。韵：音韵、声音。此处是名词动用，作为动词，意即羌笛的声音被金钲的声音替代。金钲：古代军中的金属乐器，此处指唐军号角。全句意为唐军大败突厥军，突厥远遁从边塞消失，边塞上响彻唐军的号角声。

7. 绝漠：穿越大漠。干戈：兵器，这里代指（大唐的）军队。戢：收藏。解释“揖”的文字。车徒：战车和步兵。车，指战车、骑兵。徒，步兵。原隰：广平低湿之地，指原野。隰（xí），低湿之地。此句意为声势浩大的唐军威震北疆。

8. 都尉：官名，诗中指突厥部首领。北周时，突厥首领沙钵略娶北周宇文氏之千金为妻，被称作驸马都尉，此处指突厥部首领。反：通“返”，返回，逃遁。龙堆：又叫白龙堆，沙漠名，在新疆以东，天山南路。诗中代指大漠深处。将军：率部出征的将领。旋：凯旋，得胜归来。马邑：县名，在今山西北部。唐大将李靖的封地，李靖率部征讨突厥时由此发兵。传说秦人在此筑城，数次崩塌难以筑成。后来有一天，有一匹马来此“周旋驰走”，即跑了一圈，于是依着马跑过的路线筑城，遂成。故名。

9. 氛雾：指战争的烽烟、风尘。静：安静，平息貌。纪石：勒石纪功，即指唐太宗灵州勒石之事。

10. 荒裔：指边远之地。一戎衣：一经用兵（征讨）。一：一旦，一经。戎衣：即军装。《尚书·武成》篇中有“一戎衣，天下大定”的句子，意为一经用兵讨伐，则天下安定太平。后泛指用兵为“一戎衣”。唐代杜甫《重经昭陵》诗中有“风尘三尺剑，社稷一戎衣”句，即指此意。灵台：即灵武台，在灵州筑起的庆功高台。此处代指灵州。

唐·王维（一首）

王维（701？—761）　字摩诘，原籍祁（今属山西），其父时徙家于蒲，遂为河东（今山西永济）人。唐诗人、画家。开元进士，官至尚书右丞，故世称“王右丞”，晚年隐居辋川，奉佛参禅，誉为“诗佛”，是唐代具有多方面艺术才能的杰出诗人，擅长于诗文绘画，又精通音乐，并能以画、乐之理融会于诗中，是盛唐山水田园派的宗师。苏轼《书摩诘蓝田烟雨图》说：“味摩诘之诗，诗中有画；观摩诘之画，画中有诗。”评论颇为精当。有《王右丞集》。

使至塞上

单车欲问边，属国过居延[1]。征蓬出汉塞，归雁入胡天[2]。
大漠孤烟直，长河落日圆[3]。萧关逢候骑，都护在燕然[4]。

【说明】

唐开元二十五年（737），河西节度使崔希逸战胜吐蕃，唐玄宗命王维以监察御史的身份出塞宣慰，察访军情。这首诗写的就是诗人经过原州（今宁夏固原）、灵州（今宁夏吴忠）时，沿途所见和自己的感受。

【注释】

1. 单车：轻车。问边：宣慰戍边战士。属国：本是秦汉时典属国官名的简称，这里代指使臣。居延：地名，故城在今内蒙古自治区额济纳城东南。

2. 征蓬：被风刮去的蓬草。塞上田野里生长着的一种极常见蒿草，又俗称“沙蓬”。“秋枯根拔，风卷而飞”，即秋冬干枯后整棵枝干仍在，但根部极疏松，遇风则被连根拔起，枯草棵随风翻转滚动，犹如车轮在原野上奔驰，随风四处飘零。征，远行。《诗经·小雅·小宛》：“我日斯迈，而月斯征。”注：“迈、征，皆行也。”旧诗文中常用作形容远行在外的人。这里表示诗人自己单车出塞，有如被风刮去在原野上旋转翻滚奔驰的蓬草。

3. 长河：黄河。

4. 候骑（jì）：骑马的侦察兵。都护：当时边关重镇都护府的长官。燕然：即燕然州，原在今蒙古人民共和国，唐代曾寄治回乐县。

唐·杜甫（一首）

杜甫（712—770）　字子美，河南巩县人，出身于“奉儒守官”的地主家庭。杜甫是一个创作天地很广阔的诗人，其现存诗1400多首，他的诗显示了唐代由盛转衰的历史过程，被称为“诗史”。他以古体、律诗见长，风格多样，而以沉郁为主。杜甫诗作对后世影响深远，被诗家尊为“诗圣”，和浪漫主义诗人李白一道，是我国古代诗歌史上的两座高峰。

送灵州李判官

犬戎腥四海[1]，回首一茫茫[2]。血战乾坤赤[3]，氛迷日月黄[4]。

将军专策略[5]，幕府盛材良[6]。近贺中兴主[7]，神兵动朔方[8]。

【说明】

"安史之乱"爆发，长安沦陷，许多官员或降或逃。杜甫在"安史之乱"后到了羌村，听到唐肃宗在灵州登基即位，把复兴的希望寄托在肃宗李亨身上。756 年 8 月，他只身北上想赶到灵州，谒见肃宗。然而，在鄜州（今陕西富县）被安禄山的部队抓住，押回已沦陷的长安。当时被抓住的唐朝官吏都被逼表态投降叛军，而杜甫"数尝寇乱，挺节无所污"。待了八个多月，757 年 4 月，杜甫二次出奔去投唐肃宗。这时，唐肃宗已离开灵州到了彭原郡。杜甫在凤翔见到了唐肃宗。《送灵州李判官》是对"中兴名将"郭子仪一道讨伐安史之乱的李光弼的赞颂，表达了诗人对叛乱的痛恨和对统一的渴求。杜甫虽未能到灵州，但写下千古流传的名篇，也是灵州之幸。判官，官名。李判官即指李光弼。

【注释】

1. 犬戎：本是西戎中的一支。这里借指安禄山、史思明的叛乱。

2. 一茫茫：到处是一片空旷荒凉景象。

3. 乾坤：天地。赤：（血）染红了。

4. 氛迷，到处弥漫了战斗卷起的烟尘。黄，昏黄。

5. 将军：指时为朔方节度使的郭子仪。专：擅长。策略：战策和谋略。

6. 幕府：将帅办公的地方。盛：很多。材良：有才能的人。

7. 中兴主：指继位于灵武的唐肃宗李亨，当时人们把平乱中兴的希望寄托在他的身上，所以称他为中兴之主。

8. 神兵：唐朝军队。朔方：即灵州（今宁夏吴忠）。

唐·郎士元 （一首）

郎士元（？—780？） 字君胄，中山（河北定县）人，天宝进士。肃宗宝应元年（762），授渭南尉，后历任左拾遗、员外郎等职。建中初，出任郢州刺史，卒于官。擅长五律，风格娴雅，“大历十才子”之一。与钱起齐名，故语曰：前有沈宋，后有钱郎。诗多酬赠之作。元人辛文房在《唐才子传》中称赞诗比钱起“稍更闲雅，逼近康乐，珠联玉映，不觉成编，掩映时流，名不虚矣”。

送李骑曹之灵武宁侍

一岁一归宁，凉天数骑行[1]。河来当塞曲，山远与沙平[2]。
纵猎骑风卷，听笳帐月生[3]。新鸿引寒色，回日满京城[4]。

【说明】

骑曹，官名。李骑曹，名字及生平不详。盛唐中期，朔方一带还暂时平静，朔方的官员每年还可回京休假，李骑曹假满将要回到灵武去，送别时诗人写了这首诗。

【注释】

1. 归宁：女子出嫁后回娘家叫归宁。这里借指李骑曹休假从灵武回到京师，仿佛女子回娘家。凉天：秋天。数骑行：几个人将要骑马上路回灵武去。

2. 河：大河，即黄河。当：正当。塞曲：关塞前曲折流过。山远：远山。与沙平：似乎与沙丘一样高低。

3. 纵猎：纵马打猎。骑风卷：骑手们像风一样卷过。笳：胡笳，类似笛子的一种乐器。帐：帐外。月生：月亮冉冉升起。

4. 新鸿：初至的大雁。引：带来。寒色：寒凉的秋色。回日：边地返回。满：纷纷（指在京城度假的边地官员）。

唐 · 吕温 （一首）

吕温（772—811）　字和叔，一字化光，河东（今山西永济西南）人。德宗贞元十四年（798）进士。官至左拾遗。贞元二十年（804）以侍御史出使吐蕃，宪宗元和六年（811）回京。革新失败，因其身当时正在吐蕃，幸免遭贬。后迁户部员外郎。以劾奏李吉甫获罪，被贬为道州刺史，转衡州刺史，并卒于任上。以写颂、赞、书、启见长，为时人称道。清人王士祯在《香祖笔记》中称他“诗非所长，赞颂时有奇逸之气”。有《吕衡州集》。

奉送范司空赴朔方（得游字）

筑台登上将[1]，膝席委前筹[2]。虏灭南侵迹[3]，朝分北顾忧[4]。
抗旌回广漠[5]，抚剑动旄头[6]。坐见黄云暮[7]，行看白草秋[8]。
山横旧秦塞[9]，河绕古灵州[10]。戍守如无事[11]，惟应猎骑游[12]。

【说明】

司空，官名。西周始置，春秋、战国沿用，掌管工程，西汉成帝时改御史大夫为大司空。后世用作工部尚书的别称，侍郎则称少司空。“范司空”指的是大唐检校司空兼右卫上将军范希朝，元和二年出任灵州长史，朔方灵盐节度使。这首诗是作者写给赴灵州任职的范希朝的赠别诗。

【注释】

1. 筑台登上将：筑台拜将。汉高祖刘邦任用韩信为大将，筑坛拜将授以大权。“台”比“坛”高，诗句中“台”即指“坛”。此处言皇帝委范司空以出使朔方的重任。

2. 膝席：促膝而谈，喻亲密的交谈。促膝，古人席地或据榻而坐，对着坐时，膝与膝靠近，喻亲切交谈。促，靠近，接近。委：委托。筹：筹划、谋略。

3. 虏：对北方入寇的少数民族的蔑称。灭：消灭。此处为消除（北方少数民族的入寇南侵）。

4. 朝分北顾忧：为朝廷分担北顾之忧。

5. 抗旌：高举着旗帜。抗，通“扛”，打着的意思。

6. 动旄头：指挥军队。动，指挥、调动。旄（mó），杆头以牦牛尾为饰的旗帜。旄头，星宿名，象征着战争，或指先驱的骑士，此处指先驱骑士。

7. 黄云暮：傍晚金黄色的云，言天空景色之美。

8. 白草秋：秋天的白草。白草，生长在朔方的一种草，秋天时变为白色，风吹草动，极为壮丽。

9. 秦塞：秦代的长城。塞，这里指长城。

10. 河绕：黄河环绕。河，黄河。绕，环绕。古灵州城在河渚上，即地处黄河分流又汇合而形成的“河洲”之上。旧志记载：“……城在河渚之中，随水高下，未尝陷没，故号曰‘灵洲’。”

11. 如：如果。无事：指无战事，平息外敌入侵，边境平安。

12 惟：只。猎骑：骑马打猎。

唐·李益（三首）

李益（748—约 829）　字君虞，陇西姑臧（今甘肃武威）人。大历四年（769）进士，曾从军出塞。因仕途不得意，曾北游伊斯梅利亚朔、幽州。宪宗时入朝为秘书少监，集贤殿学士。建中二年（781），随崔宁“巡行朔野”，到过灵州等地。文宗大和初，以礼部尚书致仕卒。唐代著名的边塞诗人，“大历十才子”之一。他以边塞诗流传最广，语言精练，韵味含蓄。有《李益集》。

暮过回乐烽

烽火高飞百尺台[1]，黄昏遥自碛西来[2]。
昔时征战回应乐[3]，今日从军乐未回[4]。

【说明】

回乐烽是指回乐县的烽火台。回乐是北周治的古县名，唐代也称回乐，是唐灵州所辖五县（回乐、鸣沙、灵武、怀远、保静）的首县，灵州治所（址在今宁夏吴忠）。诗中巧妙地将地名“回乐”二字拆开嵌入诗中，运用“回应乐”“乐未回”回文修辞方法，反映了唐代戍边战士艰苦卓绝而又乐在其中的豪迈气概。

【注释】

1. 烽火高飞：报警的烽火熊熊燃烧。百尺台：极言烽火台之大，烽烟之高。

2. 碛（qì）：沙漠。

3. 昔时：过去。回应乐：归来时应高兴。

4. 乐未回：高兴在（征战）尚未归来（的时候）。

夜上受降城闻笛

回乐烽前沙似雪[1]，受降城下月如霜[2]。
不知何处吹芦管[3]，一夜征人尽望乡[4]。

【说明】

《史记·匈奴传》中记载：汉武帝派公孙敖筑受降城，址在今内蒙古乌拉特旗北。唐中宗景龙二年（708），朔方军总管张仁愿为抵御突厥，曾于河套的黄河以北筑中、西、东三受降城，归灵州所辖。以拂云祠为中城，与东西两城各相距约四百里。东城在榆林县东北八里，中城在五原（今内蒙古自治区包头市西北），西城在灵州西北八十里。这里所说的受降城，指回乐县（灵州治所）。因唐太宗曾在灵州城受降（详见前李世民《灵州勒石诗》注），故人们又以受降城作为灵州治所回乐县城的别称。诗中受降城即指古灵州城。

【注释】

1. 烽前：烽火台前。沙似雪：黄沙在夜晚的月光下像雪一样白。

2. 月如霜：月色像秋霜一样雪白、寒冷。

3. 芦管：乐器名。宋代陈旸《乐书》称芦管与觱篥、芦笳相类。以芦叶为管，管口有哨簧，管面有孔，下端有铜喇叭嘴，清代兵营巡哨犹多用之。诗中意为笛声。全句意为不知什么地方传来思乡的哀怨笛声。

4. 征人：出征及戍边的将士。尽望乡：都在遥望思念着家乡。

盐州过胡儿饮马泉

绿杨着水草如烟[1]，旧时胡儿饮马泉[2]。
几处吹笳明月夜[3]，何人倚剑白云天[4]。
从来冻合关山路[5]，今日分流汉使前[6]。
莫遣行人照容鬓[7]，恐惊憔悴入新年[8]。

【说明】

诗人路经盐州（详见后白居易《城盐州》注）胡儿饮马泉，看到美丽的自然风光，联想到边塞将士披肝沥胆守卫边疆，保卫了大好河山。表达了诗人对边塞将士的敬慕和同情之心。

【注释】

1. 着水：水附着在（上面）一样，形容（绿杨）青翠欲滴之貌。如烟：渺茫、浩茫状，形容草之茂盛。

2. 胡儿：指匈奴人。古代蔑称北方少数民族为胡人。饮马泉：即铁柱泉，在今盐池县冯记沟乡境内，位于盐池县城70余里。史载古代水涌如柱，泉水甘冽，“日饮数万骑弗之涸”。北方匈奴等民族南犯时，则在此放牧饮马，故又名胡儿饮马泉。明代嘉靖年间筑城卫泉。今城内已无水泉，当为地下水位下降、风沙压埋所致。

3. 笳：北方少数民族吹奏乐器。此句意为月夜听得到远方有北方少数民族军营的号角声（但却不敢来犯），言此地近边塞。

4. 倚：靠着。白云天：即云天。此句意为何人手持倚天长剑抵御来犯者。

5. 冻合：冻结。此句言历来都是（因外族入侵而使得）关山道路不通。

6. 汉使：大唐的使者。此句言持倚天长剑的边塞将士抵御了来犯者，使一条条通畅的道路呈现在大唐使者的面前。

7. 遣：让。行人：征人，戍守边塞的将士。

8. 惊：吃惊。憔悴：形容人瘦弱，面色不好看。新年：又一年。此句言边塞将士戍守边疆，年复一年，历尽艰辛，形容憔悴。

唐·杨巨源（一首）

杨巨源（755—?）　字景山，后改名巨济。河中（治所今山西永济）人。贞元进士，初为张弘靖从事，由秘书郎擢升太常博士，迁礼部员外郎，出为凤翔少尹，复诏为国子司业。长庆三年（823）辞官隐居。以诗《赠卢洛州》中之句“三刀梦冀州，一箭取辽城”闻名。白乐天（白居易）对其诗中此联极为欣赏，有诗《赠杨秘书巨源》赞曰：“早闻一箭取辽城，相识虽新有故情。青句三朝谁能敌？白需四海半为兄。”杨巨源的诗在当时颇负盛名，张籍《送杨少尹赴凤翔》诗称其“诗名往日动长安，首首人家卷里看”。韩愈、王建等人对其诗也甚为推崇。

和裴舍人观灵州田尚书出猎

圣代司空比玉清[1]，雄藩观猎见皇情[2]。
云禽已觉高无益[3]，霜兔应知狡不成[4]。
飞鞚拥尘寒草尽[5]，弯弓开月朔风生[6]。
今朝始贺将军贵[7]，紫禁诗人看旆旌[8]。

【说明】

舍人，官名。战国及汉初王公贵官都有舍人，即养在家中的食客。《汉书·高帝纪》颜师古注："舍人，亲近左右之通称也。"秦汉置太子舍人；汉制，皇后、公主的属官也有舍人。此外，魏于中书省中置中书通事舍人，掌传诏命。晋及南朝历代沿置。至梁除通事二字，直称中书舍人，任起草诏令之职，参与机密。隋唐时，中书舍人仍掌制诰（撰拟诏旨），以有文学资望者充任。裴舍人，即指裴度。这是裴度写了一首《观灵州田尚书出猎》的诗，杨巨源和（hè）了这首诗。田尚书，应指田牟，唐大将田弘正三子，封为神策大将军。开成初，盐州刺史王宰与羌人失和，朝廷诏田牟代之。后历任鄜坊、天平、灵州节度使，官到检校尚书左仆射。

【注释】

1. 司空：官名。西周时为主管建筑工程、制造车服器械，监督手工业奴隶的官，为六卿之一。汉成帝绥和元年（前 8），改御史大夫为大司空，后去"大"。魏为三公官，参议国事。隋唐因之。诗中是指田尚书。玉清：道家认为人天两界之外，别有三清：玉清、太清、上清，是神仙居住的地方。这里意为神仙。全句的意思是说，圣代（皇帝英明、太平盛世）的司空（清闲自在，闲暇无事外出打猎）比得上神仙过的日子。

2. 雄藩：强大的边镇。诗中即指灵州。观猎：观看（田尚书）打猎。见皇情：看皇帝的治世英明的情况。全句意为，从边防重镇的地方能看到司空也在清闲得打猎这件事，就能看出皇帝治世英明、世事太平的情景。

3. 云禽：高飞到云间的鸟雀。高无益：飞得再高也没有什么好处。全句是说，飞禽已觉得飞得再高也不顶用，仍逃脱不了被弓弩射落的下场。

4. 霜兔：霜地里的野兔。狡不成：狡兔三穴也不行（还是会被擒获）。全句意为，各类走兽应该懂得，即使如狡兔三穴，也逃脱不了。

5. 飞鞚（kòng）：飞快奔跑的马。鞚，马笼头。这里代指打猎者骑的马。拥尘：被尘土拥簇。尽：到处。全句意为，出猎的田尚书随从众多，在秋冬的草地上到处奔驰，马蹄下尘土飞扬，把人马都笼罩了。描写出猎场面气势之宏大。

6. 弯弓月开：开弓射箭。弯弓，张弓，拉开弓。月开，张开的弓像满月。旧时人们形容开弓射箭常用“弓开如满月，箭去似流星”。朔风生：箭飞出的呼啸声像呼呼的北风刮着。

7. 今朝：如今，现在。始：才。将军贵：将军是那样的威风。

8. 紫禁诗人：朝廷、宫廷里的文人。紫禁，紫禁城，即皇城。诗人，这里泛指文人。旆旌：军队里的旗帜，此处代指军队。全句意为，宫廷里的文人（战争时不能到战场去，无法看到军队厮杀的场面），只有在这时（即将士出猎时）才能看到这种战马奔驰、战旗飞扬的场面。

唐 · 武元衡 （一首）

武元衡（758—815）　字伯苍，唐河南缑氏（今河南偃师东南缑氏镇）人，武则天的曾侄孙。德宗建中进士，授兵部员外郎、御史中丞等职。元和二年（807）任门下侍郎，同中书门下平章事，兼判户部事。后出为剑南西川节度使。元和八年复为宰相。元和十年，被平卢节度使李师道所遣刺客刺死。著有《临淮集》十卷，已散佚。《全唐诗》存其诗二卷，《全唐文》存其文十篇。其诗多寄赠送别、写景抒怀之作，炼字琢句，风格工丽。张为《诗人主客图》将唐诗人分六大派，立六主，而武元衡为“瑰奇美丽主”。

津梁寺采新茶与幕中诸公遍赏芳香尤异因题四韵兼呈陆郎中

灵州碧岩下[1]，荑英初散芳[2]。涂涂犹宿露[3]，采采下盈筐[4]。
阴窦藏烟湿[5]，单衣染焙香[6]。幸将调鼎味[7]，一为奏明光[8]。

【说明】

津梁寺是唐灵州近郊的一座寺庙。今吴忠南任桥村有清凉寺遗址，疑即唐之津梁寺，“清凉”系“津梁”之音讹。“津梁寺采新茶”，说明唐代灵州气候温和湿润，盛产茶叶。诗中具体描写了诗人在灵州时与众位幕僚（官员）一起品尝当地新采茶，芳香异常，诸公称道不已，因之赋诗吟咏采茶及炮制茶叶的全过程。郎中，官名。战国时为近侍之称，秦时置为官，与侍郎同隶郎中令。陆郎中，可能是指陆羽。陆羽（733—804），又名陆疾，字鸿渐，又字季疵。以嗜茶出名，著《茶经》三卷，为我国最早研究茶的著作。后世民间祀为茶神。

有资料记载，古代灵州之地自然条件优越，生长有茶、竹等植物。

【注释】

1. 碧岩下：当指津梁寺附近的山岩下边。碧岩，替代当是指长满碧绿的茶树的山岩，疑即今牛首山。

2. 荑（tí）英：初生的草。这里是指初生的茶叶的芽尖。草木始生的芽通称“荑”。

3. 涂涂：即涂，附着的意思。犹宿露：还停留着露珠。全句是说，（新茶）上还附着露珠，青翠欲滴。

4. 采采：采呀采。盈筐：满筐，即采满了筐。

5. 阴窦：阴凉的洞穴。这里应是指阴凉通风的地方。藏：这里是存放的意思。烟湿：用无烟的火烘烤去掉水分。烟（yin）：煴（yun），无烟的火。全句是说，将新采回的茶叶放在阴凉通风的地方，用无烟的火烘烤去掉水分。

6. 单衣：指炮制茶叶的人（因劳作的地方温度高）穿着单衣。焙（bèi）香：用微火烘（药材、食品、烟叶、茶叶等）散发出来的香气。全句是说，炮制茶叶的人穿着单衣烘焙茶叶，茶叶散发出的香气把他们的衣服都染香了。

7. 幸将：希望将（此茶）。调鼎味：调配饮食的味道。鼎，鼎食之意，指贵族豪奢的生活。

8. 一为：一举。奏：上奏。明光：汉代宫殿名，汉武帝置。一在北宫，南与长乐宫相连；一在甘泉宫，为汉武帝求仙而建，后也泛指宫殿，诗中代指朝廷、皇帝。

唐·张籍 （一首）

张籍（约766—约830）　字文昌，祖籍吴郡（今江苏苏州），迁居和州（今安徽和县）。贞元进士，元和初官太常寺太祝，后转国子监助教，迁秘书郎。长庆初为国子博士，又任水部员外郎，转中客郎中。官终国子司业。世称张水部或张司业。是元稹、白居易“新乐府运动”的积极支持者。其诗注重风雅比兴，多写民生疾苦，多警句。诗风平易清新，风韵秀朗，甚为白居易等人推崇，与王建齐名，被称为“张王乐府”。有《张司业集》。

送李骑曹灵州归觐

翩翩出上京，几日到边城[1]。渐觉风沙起，还将弓箭行[2]。

席箕侵路暗，野马见人惊[3]。军府知归庆，应教数骑迎[4]。

【说明】

骑曹：官职名。唐代各州佐治之官分六曹，即功曹、仓曹、户曹、兵曹、法曹、士曹，亦称六司。骑曹意即兵曹，是武官。李骑曹，生平不详。归觐，即回到住所拜见上级。这首诗是诗人为李骑曹回到灵州拜见上级而写的一首送别诗。诗人用白描手法勾勒了一幅清新的古灵州的边塞图。

【注释】

1. 翩翩：风度文采的优美。上京：长安。边城：边地城邑，此指灵州。

2. 还将：仍然携带。

3. 席箕：草名。塞上常见的一种丛生植物，其茎秆细长笔直、坚挺而又柔韧，不易折断拉断，一簇簇丛生而又一根根独立，茂盛者可生长高七八尺以上。茎秆顶端有絮状穗，一般大片大片生长，望之有如芦苇荡之景观。唐代人段成式《酉阳杂俎》续集十中记载：“席箕一名塞芦，生北胡地。古诗云：‘千里席箕草。’”唐代诗人李贺诗《塞下曲》中有“秋静是旄头，沙远席箕愁”诗句。其茎秆坚韧，农家多用其茎秆扎扫帚，编草席、草帘、草筐、背篓、储粮之草屯子等，亦可将其茎秆浸湿砸软后用来搓草绳用作车辆、犁仗等索具，于北方农家用途极广。因其可编草席，故称“席箕”。今人多写作“席芨”或“芨芨”。侵路暗：生长于路边茂盛的席箕茎秆延伸到道路上，常常能将道路遮掩，使之模糊难辨。暗：不明显。

4. 军府：将帅的幕府。知归：知道（李曹骑）归来。庆：应当庆贺。

唐·贾岛（二首）

贾岛（779—843）　字阆仙，一作浪仙，范阳（今河北涿州）人。屡举进士不第，家贫寒，一度为僧，法名无本，受韩愈影响还俗。后为普州司仓参军。著名的苦吟诗人，画家。诗风奇僻清峭，颇多寒苦之辞。善于炼字炼句，刻意求工。“推敲”的典故就是由其诗句“僧敲月下门”而来。与孟郊齐名，历来有“郊寒岛瘦”之称。曾出任长江主簿等小官，故人称贾长江。有《长江集》。

送邹明府游灵武

曾宰西畿县，三年马不肥[1]。债多凭剑与，官满载书归[2]。
边雪藏行径，林风透卧衣[3]。灵州听晓角，客馆未开扉[4]。

【说明】

这首诗是写给一位卸任的县官去游历灵武的送别诗。唐时多专以明府称县令。邹明府，生平不详。中唐，政治腐败，官贪吏污。诗人在诗中既刻画了邹明府为政清廉，却不得志而又债台高筑，无可奈何去灵州的心情。又用白描的手法写了灵武冬雪和田园风光，以衬托邹明府凄凉的处境。

【注释】

1. 曾宰：曾经主管。西畿县：京畿西边的一个县。马不肥：（在任三年）连自己的马都没有喂肥，言为官清廉。

2. 债多：债务多。凭：依靠。剑：卖剑。与：同“予”，给予、还债。官满：做官期满。载书归：只带着几本书回家。

此二句言邹明府为官清廉，非但没有发财，反而穷得连债务都还不起，连佩带的宝剑都卖了还债。任职期满回家时身无长物，只带着几本书。

3. 边雪：边镇的大雪，此边镇即指灵武。藏：掩埋。行径：足迹和小路。林风：林中的风。透：吹透。卧衣：睡衣。

4. 晓角：古代军中报晓的号角。扉：门。

送李骑曹

归骑双旌远，欢生此别中[1]。萧关分碛路，嘶马背寒鸿[2]。
朔色晴天北，河源落日东[3]。贺兰山顶草，时动卷旗风[4]。

【说明】

当时，由于朔方一带比较安定，官员每年可回家探亲一次。诗中写的是，李骑曹回长安探亲假满，要回灵州去，诗人为他写了这首送别诗，有声有色地描写了朔方景色，全诗充满了乐观向上的情绪。

【注释】

1. 旌：此指用于开路的旗。上下句意为：归去的人马越走越远了，不但没有平时送别时的悲凉，反倒生出了欢愉之情。

2. 碛路：沙漠中的路。嘶马：长声高叫的马。背：背道而行，意即大雁向南飞，人马向北行。寒鸿：深秋的大雁。

3. 朔色：北方的景色。天北：天的北方。河源：黄河的源头。落日东：落日的东边。意为太阳从黄河源头的西边落下。

4. 时动卷旗风：（贺兰山顶的草）不时地摆动，生出的风吹动着旗帜。原本是风吹草动，写作草动生风，是诗人丰富的联想。因长安至灵州不直接经贺兰山，而经贺兰山的余脉牛首山，所以诗中所及贺兰山，应指牛首山风景。

唐 · 白居易 （一首）

白居易（772—846）　字乐天，晚年号香山居士。其先太原人，后迁居下邽（今陕西渭南北）。贞元进士，历官左拾遗及左赞善大夫，后贬江州司马。是唐代杰出的现实主义诗人，“新乐府运动”的倡导者。主张“文章合为时而著，诗歌合为事而作”。其讽喻诗内容深刻，批评尖锐；叙事诗抒情写景，色彩明快。有《白氏长庆集》。

城盐州

城盐州，城盐州，城在五原原上头[1]。
蕃东节度钵阐布，忽见新城当要路[2]。
金鸟飞传赞普闻，建牙传箭集群臣[3]
君臣赪面有忧色，皆言勿谓唐无人[4]。
自筑盐州十余载，左衽毡裘不犯塞[5]。
昼牧牛羊夜捉生，长去新城百里外[6]。
诸边急警劳戍人，惟此一道无烟尘[7]。
灵夏潜安谁复辨，秦原暗通何处见[8]。
鄜州驿路好马来，长安药肆黄蓍贱[9]。
城盐州，城盐州，盐州未城天子忧。
德宗按图自定计，非关将略与庙谋[10]。
吾闻高宗中宗世，北虏猖狂最难制。
韩公创筑受降城，三城鼎峙屯汉兵[11]。
东西亘绝数千里，耳冷不闻胡马声[12]。
如今边将非无策，心笑韩公筑城壁[13]。
相看养寇为身谋，各握强兵固恩泽[14]。
愿分今日边将恩，褒赠韩公封子孙[15]。
谁能将此盐州曲，翻作歌词闻至尊[16]。

【说明】

盐州城是灵州屏障，对长安的安全有着重要意义。自唐贞元三年（787）西蕃却盟后，州城被陷，从此，塞外无保障。灵州势隔，西通鄜坊，甚为边患，不少大臣建议德宗复筑盐州城。贞元八年（792），唐德宗采纳杜希全的建议，特诏复筑盐州城。九年（793），德宗正式下诏命杜希全、浑瑊、张献甫、邢君牙、韩潭、王栖耀、范希朝，与“三万五千将士同赴盐州”，并命神策将军张昌宜“权知盐州事，应板筑杂役，取六千人充”。经二旬，盐州城筑毕，“由是灵州、银夏、河西稍安，虏不敢深入”（《新唐书·杜希全传》）。白居易的《城盐州》写的就是这件事。不过，与史书不同的是：史书说唐德宗采纳了群臣特别是杜希全的建议；而白居易在诗中却说“德宗按图自定计，非关将略与庙谋”。史家对此多有考证，特在此作说明，备读者检阅。

【注释】

1. 城盐州：筑盐州城。城，动词，即筑城，此处为名词动用。盐州，今陕西定边、宁夏盐池县及毗邻的内蒙古一带。古盐州城址所在考证著述者虽多，但无确考，以在今陕西定边县和宁夏盐池县之间较可信。城在：城筑在。五原：地域名，即五个“原（开阔平坦之地）”的合称。一种说法是内蒙古、陕西、甘肃（包括今宁夏）等一带有毕原、白鹿原、少陵原、高阳原、细柳原，合称“五原”。但其所指范围太大，绝非诗中所言盐州城所在之“五原”。另一种说法是大约在今宁夏、陕西、甘肃交接处一带有龙游原、乞地干原、青岭原、可岚原、横槽原，合称“五原”，此说倒有可参考之处。

2. 蕃东节度钵阐布：即东吐蕃的首领钵阐布。节度，此处非指节度使，而是指统辖吐蕃东部的吐蕃首领。当：同“挡”。

3. 金鸟：指驿骑、传递信息的使者。赞普：吐蕃君长。赞，雄强；普，丈夫。建牙：古时出征建立军旗，叫建牙。传箭：传箭为号，召集部下，是吐蕃等游牧民族的军事习俗。

4. 赪：红色。皆言：都说。勿谓：不要以为。

5. 毡裘：毡帐、皮衣，借指吐蕃人。

6. 昼：白天。捉生：抓活俘虏。唐《八琼室金石补正》七一卷《盟吐蕃碑》中载有：“或有猜阻捉生，问事讫，给以衣粮放归。”意即：对敌情有猜测不透的地方时，捉一个活的俘虏来，事情问清楚以后给以衣物粮食后放其回去。唐、五代时设有专门的军官称“捉生将”负责捉生。后来人们也把能生擒敌人的将士称捉生将。新城：新筑的盐州城。长去：远离开。此二句意为筑起盐州城后，使敌人不敢到这一带侵扰，白天放牧可到远离城百里以外的地方去，就连要在夜间捉一个活俘虏，也常常要去离城百里以外的地方（近处无俘虏可捉）。

7. 诸边：（其他）各处边地。劳：劳苦。戍人：戍边将士。惟此：只有这。一道：盐州一带。烟尘：战争。

8. 灵夏：灵州和夏州。据宋朱熹《诗经集传》注，“灵、夏等州之地”为朔方。潜安：隐藏的不安全。暗通：偷偷通行。以上二句意为：过去朔方一带处处隐藏着不安全，就连朔方和中原的老百姓通商往来也不敢公开，只能偷偷地进行。可自盐州城筑起后，这种现象再也看不到了。“谁复辨”“何处见”都是说看不到了。以下两句则写出了与之相反的情景。

9. 鄜州：今陕西富县，代指内地。好马来：民间通商交往的人马安全地往来。好，处处皆安全，不受损伤。

长安：唐代京城，此处亦代指内地。药肆：药铺。黄蓍：一种草药，代指生长于塞外的各种草药。此处以一种草药代指各类商品。贱：（因边塞安定，朔方所产的黄蓍能畅通地运到长安，使得长安的黄蓍）价格便宜。

以上二句意为：由于盐州城的筑成，使边塞安定，可以和内地自由通商往来，互通有无，就连物价也稳下来了。

10. 德宗：即唐德宗李适。按图：根据地图。非关：无关。庙谋：朝廷对国事的计谋。庙，指“庙堂”，宗庙的明堂，即殿堂。古代帝王遇大事，告于宗庙，议于明堂。故亦以庙堂指朝廷，把朝廷对国事的商议、谋略决策称庙谋，亦有称庙策、庙略、庙算的。

11. 韩公：韩国公张仁愿。三城：三座受降城（详见前李益《夜上受降城闻笛》注）。鼎峙：鼎立对峙。汉兵：唐军。

12. 亘绝：绵亘不断。耳冷：耳根清静。

13. 城壁：营垒，此指受降城及其他防御设施。

14. 握：掌握。恩泽：皇帝赐予的恩宠。

15. 褒：嘉奖。封：封赏。

16. 盐州曲：即指诗人所作《城盐州》这首诗。闻至尊：能让皇帝听到。至尊：指皇帝。

唐·李频（二首）

李频（818？—876？）　字德新，睦州寿昌（今属浙江）人。少秀悟，多记览。宣宗大中进士，授秘书郎，为南陵主簿，迁武功令。迁都官员外郎，拜侍御史，官至建州刺史，卒于官。李频是唐宣宗、懿宗时的诗人。其诗五律居多，诗多漫游、赠别之作。旨尚骚雅，而雕琢过力。有《建州刺史集》。

闻北虏入灵州

其一

河冰一夜合，虏骑入灵州[1]。岁岁征兵去，难防塞草秋[2]。

其二

见说灵州战，沙中血未干[3]。将军日告急，走马向长安[4]。

【说明】

这两首诗都是写晚唐时，发生在唐西北重镇灵州的战事，从一个侧面反映了唐朝边患严重、朝政腐败，江河日下的景象。

【注释】

1. 河冰：（黄河）冰封。一夜合：一夜之间封合。虏骑：敌人的骑兵，这里指入侵的军队。虏，是古时对北方游牧民族的蔑称。以上两句写：一夜之间黄河冰封，灵州没有了凭险可守的天堑，敌人长驱直入进犯灵州。

2. 岁岁征兵去：年年都要征兵去防御外族入侵。塞草秋：代指虏人的入侵。塞上秋天水草茂盛，牛羊肥壮。北方民族往往在这个时候入侵掳掠，称为“秋犯”。朝廷也要每年在这个时候调兵防守，阻止入侵者，称“秋防”或“防秋”。难防，即难以防止。

3. 见说：听说。灵州战：灵州一带地方正在激烈地进行战斗。血未干：言死伤惨重，血在沙中都一时干不了。黄沙渗水性极强，血滴上去当然也会很快干涸。用“沙中血”竟然“未干”，来形容死伤之惨重，流血之多。

4. 日告急：告急一天比一天急迫。走马：（告急）的使者快马加鞭，奔跑如飞，走，快步跑。

唐·韦蟾 （一首）

韦蟾（生卒年不详）　字隐珪，下社（今陕西长安）人，唐宣宗大中进士。初为徐商掌书记，后任尚书左丞。晚唐诗人。唐朝的韦氏乃名门望族，门第高贵，居长安城南，地名“韦曲”。唐懿宗咸通年间（860—873）逝世。《全唐诗》收其所作诗十首。一说韦蟾为福建人。

送卢潘尚书之灵武

贺兰山下果园成[1]，塞北江南旧有名[2]。
水木万家朱户暗[3]，弓刀千队铁衣鸣[4]。
心源落落堪为将[5]，胆气堂堂合用兵[6]。
却使六蕃诸子弟[7]，马前不信是书生[8]。

【说明】

这是送卢潘尚书到灵武去赴任时写的一首送别诗。题目中的灵武即灵州。这首诗在宁夏的知名度极高，也是“塞北江南旧有名”一句的出处。它证明了一个事实：古代吴忠平原是宁夏开发最早、最富庶的地区。其有“塞北江南”之称，早在唐代以前。

【注释】

1. 果园成：成果园。赫连勃勃建大夏时（407），曾在灵州广种果树，且蔚然成林，以至于后人将灵州城也改称为“赫连果城”。今有人将“果园成”改为“果园城”，误也。一则所有古文献中都写为“贺兰山下果园成”，二则“城”即城池，焉有将一座城池叫作“塞北江南”之理？“塞北江南”应该是整个灵州平原。

2. 塞北江南：塞北像江南一样美好的地方。旧：从前，过去。意即将灵州大地称为“塞北江南”，非自今日始，而是早已有之。《太平寰宇记》卷36：灵州风俗“本杂羌戎之俗。后周宣政二年（579），破陈将吴明彻，迁其人入灵州，其江左之人尚礼好学，习俗相化，因之为塞北江南”。“江左”即江东，谓风俗随江东人迁来而改为江南风俗——“彬彬然有江左之风”。更有《武经总要》上说：灵州“有水田、果园……置堰分河水溉田，号为塞北江南即此也”。今宁夏作“塞上江南”，此处“上”与“北”相通，古人谓“北”为上，如皇帝宝座置于宫室之北，俗称“面南而王”。

3. 水：渠水。木：树木。万家：千家万户。暗：绿阴掩映。

4. 弓刀：挟弓带刀。千队：一队队。铁衣鸣：披盔戴甲的（军队）铁衣互相摩擦发出声响。

5. 心源落落：胸怀磊落。堪：能够，可以。

6. 胆气堂堂：胆量很大。堂堂，盛大的样子。合：很适合。用兵：带兵打仗。

7. 六蕃诸子弟：各族士兵。（详见薛逢诗《送灵州田尚书》注释）

8. 马前：骑在马上冲锋陷阵在前的（卢潘尚书）。不信：不敢相信。书生：读书人，多指儒生。《后汉书·夏馥传》：“少为书生，言行质直。”全句意为，不敢相信骑在马上驰骋疆场、能征善战的这位将军（指卢潘尚书），竟然还是一位文人，是在赞扬卢潘尚书是能文能武的人才。

唐 · 无可 （一首）

无可（生卒年不详）　范阳人，贾姓，诗人贾岛的从弟。唐代著名的诗僧，无可是其法名。

送灵州李侍御

灵州天一涯，幕客似还家[1]。地得江南壤，程分碛里沙[2]。
禁盐调上味，麦穗结秋花[3]。前席因筹画，清吟塞日斜[4]。

【说明】

侍御，官名，即侍御史，唐时中央监察机关御史台的成员，有时也奉命出外执行皇帝指定的任务。这首诗就是李侍御到灵州临时执行任务时，无可写的一首送别诗。诗中洋溢着对友人、灵州亲切热爱的深情。

【注释】

1. 天一涯：偏远之地，是天涯拆开用，极言灵州在北方很远的地方。幕客：客居将军幕府里的人。

2. 地：灵州的土地。得：有。江南壤：像江南一样的肥沃土壤。程：路。分：分开。碛里沙：沙漠中的沙。句意为：路道在沙漠里，好像将沙漠分开的界线。

3. 禁盐：古代盐在国民经济生活中地位很重要，朝廷往往禁止私人生产、销售食盐，“盐铁官营”。所以将盐称“禁盐”。因当时盐州归灵州管辖，故把盐列为灵州特产。调上味：上等的调味品。秋花：似秋花。

4. 前席：移座向前。席：坐席。筹画：谋划。清吟：吟诗。塞日斜：塞上红日西沉。意为相谈投机，不觉一天已经过去。

唐·薛逢（一首）

薛逢（生卒年不详）　字陶臣，蒲州河东（今山西永济西）人。会昌进士，授校书郎，历侍御史、尚书郎。恃才怠傲，累迁巴、蓬、绵三州刺史。官终秘书监。其诗多以送别为题材，悼今悲古，以抒仕途失意的抑郁之情。《全唐诗》存其诗一卷。明代胡震亨《唐音癸签》说他："殊有写才，不虚俊拔之目，长歌似学白氏，虽以此得名，未如七律多警。"评价颇高。

送灵州田尚书

阴风猎猎满旌竿[1]，白草飕飕剑戟攒[2]。
九姓羌浑随汉节[3]，六州蕃落从戎鞍[4]。
霜中入塞雕弓硬[5]，月下翻营玉帐寒[6]。
今日路傍谁不指[7]，穰苴门户惯登坛[8]。

【说明】

据《新唐书》载：唐文宗开成五年（840），回鹘由北方来到朔方，"睥睨边城，桀桀自若"，"邀求过当"，"侵暴人民"。同时，也剽掠浑羌等族，使"吐谷浑、党项等皆挈家入山避之"。当时，灵武驻军统帅、检校尚书、左仆射田牟（一说是田布）联合各族，对回鹘乌介可汗的图谋不轨进行防范。晚唐诗人薛逢在这首诗中，通过叙写这一历史，赞扬了田牟的防范行动。田尚书，指田牟，曾任朔方节度使。

【注释】

1. 阴风：寒冷的风。猎猎：风吹旗帜飘扬发出的声响。旌竿：旗杆。

2. 白草：一种深秋变为白色的野草，疑即为席萁草。剑戟攒：各类兵器相交，代指战争。攒，聚集、相交之意。

3. 九姓羌浑：吐谷浑、羌族等部落。唐代西北地区内附的少数民族有“九姓回纥”“九姓铁勒”。“九姓回纥”是指回纥内部九个氏族部落，即药罗葛、的出葛、啮罗勿、貊歌息讫、阿勿嘀、葛萨、斛温素、药勿葛、奚耶勿，总称回纥。“九姓铁勒”又称外九部或“铁勒九姓”，即由回纥和其他八个部落构成的部落联盟。分布在漠北和西域一带，包括回纥、仆固、浑、拔野古、同罗、思结、契苾、拔悉蜜、葛逻禄。汉节：手持玉节(的田尚书)。

4. 六州：伊州、梁州、甘州、石州、渭州、氐州，合称六州。蕃落：少数民族各部落。唐时，于宁夏至陕北一带，置九州以安排九姓部落。九州中的燕然州、鸡鹿州、鸡田州、东皋兰州、燕山州、烛龙州，史称“六胡州”。从：随从。戎鞍：骑马出征。

5. 霜中：深秋有霜的季节。入塞：去灵州。雕弓：雕或漆有花纹的弓箭。

6. 翻营：巡视军营。玉帐：月光照耀下呈白色的营帐。寒：带有寒意。

7. 谁不指：谁不指点称赞。

8. 穰苴（rang jū）：春秋时齐国名将，即司马穰苴。田姓，司马为官名。以治军严谨著称。战国时，齐威王派人整理其用兵之术，附于《古司马兵法》中，号曰“司马穰苴兵法”。惯：善于。登坛：登坛拜帅，统领三军。

唐·曹松（一首）

曹松（生卒不详） 字梦徵，舒州（今安徽潜山县附近）人，早年生活困顿，避乱栖居洪都西山，漂泊江湖，穷愁落拓。光化四年（901），才以七十余岁的高龄与王希羽、刘象、柯崇、郑希颜同中进士，当时号为“五老榜”。曾官秘书正字。晚唐诗人，诗学贾岛，多旅游之作。

塞上

边塞来所阔，今日复明朝[1]。河凌坚通马，胡云缺见雕[2]。
砾中程独泣，乡外隐谁招[3]。回首若经岁，灵州生柳条[4]。

【说明】

这首诗是写诗人于一个寒冷的冬日从灵州出发，踏上了征途，途中的所见所感。虽流露出一些消极情绪，但想象灵州柳树生出嫩条，又顿生依恋之情。

【注释】

1. 边塞来：来到边塞。阔：地域辽阔。复：又。明朝：明天。

2. 河凌：黄河被冰封，凌，冰凌。坚通马：（冰封）坚固得可以让马在上面通行。胡云：北方上空的云。缺：云开处。雕：雄鹰（飞翔）。

3. 砾：同“砂”。程：路途中。泣：哭泣。乡外：郊外。隐：穷居孤隐。招：招呼看望。

4. 回首：回头看。若：好像。经岁：过了一年。生柳条：柳树又生出嫩条。

唐·张蠙（二首）

张蠙（pín）（生卒年不详）　字象文，清河（今北京市海淀区清河镇）人，唐昭宗乾宁进士，曾官校书郎、栎阳尉、膳部员外郎、金堂令等职。与许棠、李昌等人被称晚唐“十哲”。诗多五言、七言律诗。早年漫游塞上，写了不少边塞诗，其中《登单于台》中的“白日地中出，黄河天外来”一联，意境雄浑开阔，颇为时人赞赏，因此知名于世。他晚年写的《夏日题老将林亭》中“墙头雨细垂纤草，水面风回聚落花”一联，对仗工整平稳，景色逼真，深为时人称道。

朔方书事

秋尽角声苦，逢人唯荷戈[1]。城池向陇少，歧路出关多[2]。

雁远行垂地，烽高影入河[3]。仍闻黑山寇，又觅汉家和[4]。

【说明】

诗题中的朔方治所灵州，辖今宁夏同心以北各市县、甘肃陇东、内蒙古河套、陕西北部等地区。诗中勾勒了一幅边塞秋景图，由此写到唐、蕃和好，表达了诗人祈望和平的心愿。

【注释】

1. 秋尽：秋末。角：军中的号角。苦：（角）吹奏出的声音悲苦、凄凉。唯：只是。荷：扛着。戈：兵器。

2. 向：朝向，向着。陇：陇山山脉。向陇少，意为越向陇山，城池越来越少。歧路：岔路。多：分出多条道。

3. 行（háng）：雁行（飞）。垂：低垂。烽：烽火。影：（烽火的）影子。入：映入。

4. 黑山：本为今陕西榆林的黑山，此指边境的远山呈黑色。寇：入侵的吐蕃。觅，寻求。汉家：指唐朝。和：和好。

送卢尚书赴灵武

西北正传烽堠急[1]，灵州共喜信臣居[2]。
从军尽是清才去[3]，属郡无非大将除[4]。
新地进图移汉界[5]，古城遗碣见蕃书[6]。
山川不移江湖景[7]，宾馆常闻食有鱼[8]。

【说明】

这是诗人送卢尚书灵州赴任的送别诗。诗中描写古灵州一带是唐王朝消灭了反叛的属国（指匈奴）新征服的地方。并描绘了灵州地方美好的自然风光和丰富的物产。

【注释】

1. 烽堠急：烽火台（传来）紧急的军情。烽堠，即烽火台。

2. 信臣居：使者背叛传递虚假的消息。信，使者。不臣，不忠于君主或背叛君主。《左传·昭公三十一年》中有："若召季孙而不来，则信不臣矣。"

以上两句的意思是说，西北边塞传来了紧急的消息，却原来是虚假谎报的军情。虽是一场虚惊，但还是值得灵州的军民庆幸（因为假敌情总比真有了敌情好）。

3. 尽是：都是。清才去：从清这个地方去的参军不久的新兵，这里指唐军。清，地名，在山东境内东阿县、长清县及山西境内的闻喜县，春秋时这些地方均称"清"，分别为卫国、齐国、晋国的属地。此句是说，西北地方都是新近才为唐军戍守。

4. 属郡：臣属于唐王朝的郡国。这里指北方少数民族郡地。无非：没有不是。大将除：反叛的少数民族首领都被除掉了。大将，这里是指北方那些属郡的部族首领。

5. 新地：新近被征服的地方。进图：划进了唐的版图，意即成为唐的疆域。汉界：大汉族的疆界。

6. 古城：即古灵州城。遗碣：留下碑碣。这是指唐太宗“灵州勒石”的历史事件。见蕃书：看到西北少数民族部族归附唐室的书简。

7. 山川：指灵州一带的山川。不移：没有改变。江湖景：江南般的景色。

8. 宾馆：旅馆、客店。有鱼香：有香喷喷的鱼。

此二句是写古灵州一地美丽的自然风光和水中美鱼，是塞上江南，鱼米之乡。

宋·沈括（二首）

沈括（1031—1095） 字存中，杭州钱塘（今浙江杭州）人，仁宗嘉祐进士，北宋科学家、政治家、文学家。神宗时参加王安石变法运动。他博学多才，在文学、艺术、历史、考古等方面都有深刻的研究和见解。在任鄜延路（今陕西富县、延安县一带）经略使时，主张农耕备战，加强了对西夏的防御。其晚年时写下了一部宏伟著作《梦溪笔谈》，其中包括天文、历法、数学、物理、化学、地理、地质、医学、考古、音乐和绘画等许多方面的内容。

凯 歌

（一）

先取西山十二州[1]，别分子将打衙头[2]。
回看秦塞低如马[3]，渐见黄河直北流[4]。

（二）

灵武西凉不用围[5]，蕃家总待纳王师[6]。
城中半是关西种[7]，犹有当时轧吃儿[8]。

【说明】

北宋元丰四年（1081），宋军兵分五路攻打西夏，先后攻取了今陕西北部、宁夏东部、内蒙古南部一带的十二个州。然后向西进军，当到达今灵武东边的山峦处，远远看见黄河向北直流。时为鄜延（今陕西富县、延安一带）经略使的沈括，参与了这次军事行动。前一首诗就是行军到达今灵州东烟墩沟一带时所作。

西夏大安八年（1081），梁太后将赵秉常囚禁在兴庆府外，夏将禹藏花麻请宋朝发兵征讨梁氏，愿为内应，宋神宗即命鄜延总管种谔、鄜延路经略安抚使沈括等五路大军二十五万向西夏大举进攻。后一首诗就是沈括到灵武时所写。诗中满望宋军攻打西夏会大获全胜，班师凯旋。

【注释】

1. 取：攻取。西山：吕梁山以西。

2. 别：另。分，分派。子将，部将。衙头，西夏的统帅部。

3. 回看：回过头来看。秦塞：秦代建筑的长城。低：矮。

4. 渐：渐渐。见：看见。直：径直。北：向北。

5. 西凉：今甘肃武威在宋时称西凉府。围：武力包围。

6. 蕃家：指西夏。总待：终将。纳：接纳。王师：宋朝的军队。

7. 城中：灵武城内。半：半数，有一半。关西种：函谷关或潼关以西迁来的居民。

8. 犹：还。轧吃儿：即口吃。此指居住在灵武、汉话还说得不太流利的党项、吐蕃、回纥等少数民族。

宋·张舜民 （二首）

张舜民（生卒年月不详）　字芸叟，自号浮休居士，邠州（今陕西省彬县）人，北宋英宗治平进士。嗜画，能文词，尤刻意于诗。《卖花声·题岳阳楼》末句“四首夕阳红尽处，应是长安”，尤为人传诵。做过监察御史、楚州（今江苏淮安县）团练副使等职，刚直敢言。曾担任环庆经略使高遵裕军中机要文书，于北宋元丰四年（1081），随高遵裕大军西征（征讨西夏）来到过灵州，写下了这两首诗，并因此被贬为邠州酒税（即小税官）。诗学白居易，颇有讥讽时事之作。

西　征

灵州城下千株柳[1]，总被官司斫作薪[2]。
他日玉关归去路[3]，将何攀折赠行人[4]。

【说明】

西征，即征讨西夏。北宋元丰四年（1081），宋军五路征西夏，刘昌祚军围困灵州，屡攻不下，围城十八日不能克。时值冬季，塞上地冻天寒，军纪涣散，在城外滥伐老百姓的树木当柴烧。诗人张舜民随高遵裕征西夏，在灵武城下写了这首诗，对于宋军滥砍树木的行径予以讽劝，因此被贬为邠州酒税。

【注释】

1. 灵州：是西夏的西平府，但宋朝仍称灵武或灵州。

2. 官司：本意为“百官”。《左传·隐公五年》：“皂隶之事，官司之守，非君所及也。”后泛称官府为官司。又《嘉靖宁夏新志》中所录其诗，此句为“总被官军斫作薪”，故疑“官司”为“官军”之误。因“官军”

更符合诗意。斫作薪：砍伐作柴烧。斫（zhuó），斧刃，又作“用刀斧砍”意。薪，烧火用的柴火。

3. 他日：以后。玉关：甘肃玉门关，是当时西征的必经之路。归去：回去。

4. 何：什么。攀折：古人有折柳送别的习俗。“柳”“留”谐音，折柳赠别寓惜别挽留之情。

峡口山

青铜峡里韦州路[1]，十去从军九不回[2]。
白骨似沙沙似雪[3]，凭君莫上望乡台[4]。

【说明】

北宋元丰四年（1081），宋军五路征西夏，各部步调不协，指挥失当，纪律涣散。西夏采用“坚壁清野，纵敌深入”的策略，断宋军粮道，决黄河水灌宋营，宋军大败，死伤40余万。张舜民的这首诗反映的就是宋军“灵州大战”失败的惨状，表现了作者对西征将士的深切同情和对北宋统治者的腐败和无能的强烈不满。

【注释】

1. 青铜峡：古代又称峡口山，今宁夏青铜峡市峡口。里：指民户居处，指一地。《诗经·郑风·将仲子》：“将仲子兮，无逾我里”传：“里，居也，二十五家为里。”《周礼·地官·遂人》：“五家为邻，五邻为里。”又称商贾聚居处为里。也可理解为军旅屯驻之所。韦州：今宁夏同心县韦州。青铜峡、同心，古时都归灵州管辖。一说“青铜峡”应为“青冈峡”，址在今甘肃环县。“青铜峡里韦州路”，非言韦州路在青铜峡，而是以“青铜峡里”“韦州路”代指边塞军旅行进、驻守之地。

2. 十去从军九不归：十个去从军打仗的兵士，九个都回不来了。意即征调戍边的士卒“戍死者八九”，大多数人都战死疆场，很少能有活着回到家乡者。

3. 白骨似沙：极言宋军死者尸骨之多。

4. 君：宋军西征将士。望乡台：古人久戍不归，或流离外地，往往登高或筑台眺望家乡，后世因之称望乡台。如汉成帝时，王溃率兵戍边，因与王莽有隙，逃离国境，士卒纷纷筑台为望乡之处。唐王勃诗《九日登玄武山旅眺》中有“九月九日户乡台，他席他乡送客怀”之句。但此说不甚符合此诗意。又，旧时迷信传说中冥界有“望乡台”。人死后阴阳两界不通，鬼魂登上“望乡台”可望见阳世家中情况。关汉卿元曲《窦娥冤》中有“我日夜哭啼啼守住望乡台，急煎煎把仇人等待”句，即取后意。至今，民间仍有“三天不吃阳间饭，七天上了望乡台。望乡台上往下看，孝男孝女泪涟涟”之迷信说法。人们又有称人死为“上了望乡台”。诗中“莫上望乡台”，即希望征战将士能得以生还，不要命丧沙场。

明·朱栴（三首）

朱栴（zhān）（1378—1438）　字凝真，明太祖朱元璋第十六子。洪武二十四年（1391）封庆王（因封地在庆阳地区）。二十六年（1393），十五岁时，就藩宁夏，驻庆阳北之韦州（今宁夏同心县境内韦州镇）。建文三年（1401）举迁宁夏镇城（今银川市）。在庆王位凡四十七年，死后谥号曰“靖”，故史称“庆靖王”。朱栴“天性英敏，问学博洽，长于诗词”。书法亦闻名遐迩，其草书清放驯雅。所著有《宁夏志》二卷，《凝真稿》十八卷，《集句闺情》一卷。

灵武秋风

翠辇曾经此地过[1]，时移世变奈愁何[2]。
秋风古道闻笳鼓[3]，落日荒郊牧马驼。
远近军屯连戍垒[4]，模糊碑刻锁烟萝[5]。

兴亡千古只如此，何必登临感慨多。

【说明】

诗中所言灵武，是古灵州而非今灵武。一因其诗为怀古之作，而唐代灵州、灵武异名同地，治在回乐（今吴忠一带）；二因朱栴为明初人，其时灵武尚未迁至今灵武址，不可能写今灵武之事。

【注释】

1. 翠辇：帝王的车驾，此指唐肃宗李亨在灵武即位。

2. 时移：时间的推移。世变：世事变化。奈愁何：对忧愁无奈何。

3. 笳鼓：军中的鼓角。

4. 军屯：军队屯垦。戍垒：古时军队驻防的营垒。

5. 模糊：石碑年久风雨侵蚀之故，碑文模糊。碑刻：泛指唐代在灵武的石刻碑文。锁：封锁，掩蔽。烟萝：像烟一样浓密的蒿草。这说明明代古灵州城遗址附近荒芜中尚存不少碑刻，朱栴亲眼所见。可惜后来不知去向。

汉渠春涨

神河浩浩来天际[1]，别络分流号汉渠[2]。
万顷腴田凭灌溉[3]，千家禾黍足耕锄[4]。
三春雪水桃花泛，二月和风柳眼舒。
追忆前人疏凿后[5]，于今利泽福吾居[6]。

【说明】

汉渠，灵州古渠，疑为汉代开凿，在黄河西岸，后又在黄河东岸亦开凿有汉渠。

【注释】

1. 神河：指黄河。来天际：义同“黄河之水天上来”。

2. 别络分流：指汉渠从黄河分出。号：称。

3. 腴田：肥沃的土地。凭：依靠、倚仗。

4. 禾黍：五谷。禾，谷类，黍，古代专指一种农作物，其子煮熟后可酿酒、做年糕，有黏性。

5. 前人：前代之人。汉渠一说为汉代所开凿，那么，这里的前人即指汉代的人了。疏凿：疏通、开凿。

6. 于今：至今。吾居：我们这一代居住斯地的人。此处两句意为感谢前人开凿了汉渠，造福后世，使我们至今得以身居福地，深得灌溉之利。

长相思·秋眺

水悠悠，路悠悠，隐隐遥山天尽头[1]。关河又阻修！
古兴州，古灵州[2]，白草黄云都是愁。劝君休倚楼[3]。

【注释】

1. 隐隐遥山天尽头：指水和路都向远处延伸而去，隐没于遥远的山后，好像去向天的尽头。

2. 兴州：西夏时国都兴庆府（即今银川市，古称怀远），西夏太宗李德明都灵州时，称怀远为兴州。

3. 休倚楼：莫要倚楼临窗眺望，免得引起伤感。

后　记

自有人类活动以来，地名就成为标注一地或某些具有明显地域特征的符号。随着人类活动范围的不断扩大，地名也不断增加，而人类文明的进步更是推动了地名从粗浅简易的表征演变成意义广泛的名称。地名的命名也兴于各种事由，有的因地形、山河而得名，有的因事件而得名，有的以风貌而得名，有的以人物而得名，地名透射出千姿百态的文化内涵，地名传承着社会发展进步的岁月印痕，在人类社会的进程中成为一部可歌可颂的史书。

吴忠在一万余年前就有古人类活动，而格子山、鸽子山名称曾多年指向青铜峡的同一处古人类活动遗址。特别是这一古人类遗迹经多国联合发掘后，这一地名名扬天下。而今天对于大家熟悉的鸽子山，很多人时常问询，这就是万年前鸽子成群的地方吗？对此，有多种多样的说法在民间流传，这就是地名的无尽魅力。

吴忠自秦建县二千余年中，地理、地貌不断变迁，地名也随着时代的发展发生着变化，有的地名早已湮灭在历史的尘埃中，有的随着县境的搬迁地名也跟随而去，如秦时在今吴忠的富平县，后迁至今陕西省怀德县后地名则保留至今。明时吴忠因筑堡兴盛，因堡命名的地方几乎连成片，如金积堡、汉北堡、秦坝关堡等今日依然存在。作为“塞北江南”的吴忠，早些年曾有七十二连湖之说，而今的马家湖、关马湖、巴浪湖等名就是这片“不是江南胜似江南”的古地名的美好写照。新中国成立后，吴忠社会发展，城乡扩容，人口增多，为了适应新时代的发展，重新命名了许多地名，它们大多遵循历史源流命名，也有符合时代鲜明特色的新鲜名称。由此可见，地名在吴忠也是一部人类社会的演进史录。

吴忠在20世纪90年代曾编撰过地名志，但对地名故事的编撰这是第一次。根据自治区地名故事编撰工作要求，市民政局接到任务后，迅速进行了学习传达，拟订了编撰大纲，由于其专业性较强，决定聘请专家编撰。当拿出篇目后，在资料收集时就遇到了极大困难，吴忠从未做过这项工作，这方面的资料少之又少，于是决定采取边征集资料边撰写初稿的方式，先把成熟的资料加工好，再在编撰的过程中查找资料、丰富内容。2015年11月，这项工作启动，局领导要求把精品意识贯穿撰稿全程，既要快马加鞭赶进度，又要快中求好、好中求优，力争在规定的时限内高标准完成这项吴忠首创工作。2016年3月，编撰者拿出了初稿，但内容很单薄，于是局领导和编撰人员商量再鼓干劲、扩大眼界、扩充内容，在初稿的基础上丰富完善。

经过半年的辛苦工作，2016年10月，编撰者完成了书稿文图相配的送审稿，在反复审核校对后，提交宁夏回族自治区民政厅审核排版，同时继续细核史料和文字，对一些与文章内容不配对的图片进行重新拍摄和制作，以保证文图相符。《吴忠市地名故事》共分市情概览、地名溯源、地名故事、地名概览、街巷汇集、诗中吴忠六篇，其下各载对应的内容。

本书稿的完成得益于宁夏回族自治区民政厅的大力支持，特别是自治区民政厅地名办主任李波要求严格编写进度和质量，近两年的时间里，不断指导书稿的编写工作，提出了许多重要的修订意见，亲自审核把关，使我们的这项工作得以圆满完成。吴忠市委常委、副市长廖允成百忙中为本书作序，体现了市领导对地名工作的高度重视。局长谭兴玲抓启动工作扎实高效，局长杨桂琴经常过问书稿的编撰进度，其他局领导齐心协力共同推动，从领导力量上保证了这部书稿的顺利完成。市直有关部门和各县（市、区）民政部门提供了大量资料，成为书稿撰写的基础资料来源。张树林、张树彬、郭建申等人拿出自己的作品，充实了本书。主抓本书编撰工作的副调研员李长春时刻把这项工作记在心上，抓在手上，具体联络人吴中与编撰者形成随时联络、随时沟通机制，他们可谓有功之人。特别是编撰者胡建东利用业务时间，以质量为先，不断完善修改，保证了书稿的出版发行。此书的出版源于领导重视、各方支持、编者认真，它的出版填补了吴忠地名故事的空白，同时也因资料缺失、故事较少等原因留下了很多待补的空白，但相信它的出版一定会为丰富吴忠地名文化留下宝贵的历史记载。

由于编写和出版时间匆忙，也因编撰者知识浅薄，书中的错讹恳请大家指正。

编　者
2017 年 5 月